てんきち母ちゃんの
らくべん！

レンチンだけ、あるものだけ、実働３分！

ダイヤモンド社

買い物に行けなかった日も
寝坊した朝も、仕事が立て込んでる時も。
どんな時でも作れるのが「らくべん！」。

「こう毎朝だと、たまに弁当を作るのが嫌になる日がないですか？
モチベーション低い日とかないですか？」と、
読者さまに聞かれることがあります。

なさそうに見えますか？（笑）**全然あります。**

色とりどりのいろんな味のおかずが何品もあるような、
朝からフライ衣つけて揚げ物なんかした手の込んだ素晴らしいお弁当
を作る（ご安心ください、わたしにそんな日は4年に一度くらいしか
訪れません）**気力がない日でも、**
冷蔵庫に今あるものでなんとか形になれば、
おかずは1品だとしてもとりあえずおなかいっぱいになれば、
コンビニでたまご蒸しパン1個、もしくはツナマヨおにぎり1個
買って行くくらいなら（どちらも女子高生の末娘の好物です）、
それよりはマシかな程度のハードルの低い志の低い（笑）お弁当ならば、
作れます。作ろうという気になります。むしろ作りたい。作らせて。

この本は、前夜に何も準備もせず、何のプランも立てずに寝ても、
二日酔いで頭ガンガンしていても、やる気が全く起きなくても、
作れるお弁当の本です。
ちゃんとしたお弁当を作らねばならない！お弁当とはこうであるべ
き！という重圧から解放され、ガッチガチに凝り固まった固定概念を
取り払い、**すーっと肩の力が抜ける**、そんなお弁当の本。
お弁当ってこんなにラクに作っていいの……と安心してください。
毎日のお弁当をもっと気楽にもっと楽しく**もっとラクして。**

井上かなえ

レンチン1回！

つめるだけ！

CONTENTS

Chapter 1

がっつり食べたい どんぶり弁

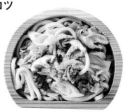

Chapter 2 食欲そそる のっけ弁

Chapter 3 冷めてもおいしい ヌードル弁

ダイエットにも! サラダ弁

ほっこりできる スープ弁

本書の決まり

● 大さじ1は15cc、小さじ1は5ccです。

● 電子レンジの加熱時間は、出力600Wのものを基準にしています。500Wや700Wのレンジを使用する場合は、p.13を参考にしてください。

● 電子レンジで使用する耐熱容器は、プラスティックの700ccの正方形のコンテナを基準としています。ガラスや陶器の重い容器を使用する時は、加熱時間が長くなります。詳しくはp.12〜13を参考にしてください。

● うどんは、1玉180gの冷凍うどんを、中華蒸し麺は1玉170gのものを使用しています。1玉のg数が多かったり少なかったりする場合は、加熱時間を増減してください。

● スープのレシピは、200cc〜280ccのスープジャーに対応しています。

● にんにくや生姜のすりおろし、梅肉などは、チューブ調味料に変えても構いません。

● 各レシピに、〈材料替え〉や〈味変え〉の提案をしています。p.130のIndexからは、〈材料替え〉のほうのレシピも引けるようになっています。

● 電子レンジは、機種や使う耐熱容器によって、加熱時間に差が生じます。必ず、様子を見ながら加熱してください。

てんきち母ちゃんの
らくべん！

レンチンだけ、
あるものだけ、実働3分！
なのにこんなにおいしい。

「らくべん！」は、基本、3STEP。
レンチン1回だけ！

3STEPだけ意識すれば、レシピを見なくてもできるほど簡単！

STEP 1

材料を切る。

↓

STEP 2

レンジでチン！

チン！

材料と調味料を耐
熱容器に入れ

蓋を斜めにのせて（またはラッ
プをふんわりかけて）

加熱後よく混ぜる

↓

STEP 3

ごはんや野菜にのせたり、お湯を入れたりして、
できあがり！

どんぶり弁 (p.18〜)

のっけ弁 (p.44〜)

ヌードル弁 (p.70〜)

サラダ弁 (p.96〜)

スープ弁 (p.116〜)

レンチンがお弁当に最適な 7つの理由！

1. とにかく、できあがりが速い！
実際に手を動かすのは3分程度。加熱時間や盛り付けを入れてもほぼ10分。

2. ずっとついて見ている必要がない！
レンジ加熱中は、料理以外のことができる！　慌ただしい朝に嬉しい。

3. おまけに、洗い物も少ない！
洗い物はほとんどまな板、包丁、耐熱コンテナだけ！

4. 内側から加熱されるので火がしっかり通る。
内側だけ生！ということがないので、火が通っているか判別しやすい。

5. 油をあまり使わないのでヘルシー！
素材から出る油で効率よく調理できるので、加える油の量が少なくてすむ。

6. 予熱で火が通るのでお肉がやわらかい。
レンチン後も高温のコンテナの中でゆっくり加熱されるのでやわらかい。

7. 冷める時に味がしみるので、食べる時には味がしっかり！
レンチン直後は多少味が薄くてもお弁当を食べる頃にはちょうどいい味に。

そんなわけで、お弁当のように
1人分だけを作る時は、お鍋で作るよりも
電子レンジのほうが
圧倒的に便利で
おいしいんです！

ただし、
使い方のコツは
しっかりマスターして！

これだけは知っておきたい 電子レンジのコツ

---

1. 電子レンジには必ず耐熱容器を。使う容器の重さで加熱時間も変わる。

必ず耐熱容器を使用する。プラのコンテナの場合は耐熱温度140℃以上のものを。電子レンジは容器の重さも含めた重量で加熱時間が決まるので、ガラスなど重量が重い容器はプラのコンテナに比べ加熱時間が長くなる。

木製、金属製容器、アルミホイル、ホーローは使えないので注意。

1人分のお弁当に最適なのはこの大きさ

耐熱コンテナ
（正方形、容量700ccで、約15センチ四方、深さ約5センチ）
※本書のレシピではこれを使用。

耐熱ボウル
（直径約17センチ）

耐熱皿
（直径約20センチ）

---

2. 蓋は斜めにのせ、ラップはふんわり。

加熱中の蒸気を逃がすためコンテナの場合は蓋を斜めにのせ、ラップの場合はふんわりかけて。

コンテナの蓋は斜めにのせて。

最初蓋が浮いていても加熱すると量が減るのでOK。

ラップの場合は、ふんわりかけて。ラップも耐熱のものを。

---

3. 材料の分量はなるべくレシピ通りに。

電子レンジの加熱時間は重量により決まるので分量はなるべくレシピ通りにするのが失敗しないコツ。ただし、使用する容器や、電子レンジの性質によっても加熱時間は多少変わるので、最初は様子を見ながらやってみて。

---

4. 加熱前よりも、加熱後が勝負！熱いうちに必ずしっかり混ぜる。

加熱前は調味料を軽くからめる程度で、きちんと混ざってなくてもあまり気にしなくてOK。ただし、加熱後は、レンジから取り出してすぐに箸などでよく混ぜて、全体に調味液をからめること。加熱直後は容器も熱いので、やけどにも注意。卵黄など膜があるものは爆発する場合があるのでしばらく放置して。

---

5. 本書の電子レンジは600Wが基準。500Wなら、加熱時間を1.2倍、700Wなら0.75倍する。

	600W（この本の基準）	500Wの場合	700Wの場合
加熱時間	2分	2分25秒	1分30秒
	2分半	3分	1分50秒
	3分	3分35秒	2分15秒
	3分半	4分10秒	2分40秒
	4分	4分50秒	3分
	5分	6分	3分45秒
	パスタなど：ゆで時間＋2分	（ゆで時間＋2分）×1.2	（ゆで時間＋2分）×0.75

電子レンジの使い方は、各章の冒頭や、p.42～43も参考にして！

作るのはレンチンで１品だけ！
でも栄養バランス◎。組み合わせも可。

MAX10分程度でできるのに満足感大なのがすごい！

1. 1品弁当でも素材や野菜多め。彩りもきれい。

作るのは1品だけでも、ほぼすべてのお弁
当が、お肉か豆腐などのたんぱく質、お野
菜複数、炭水化物が入って栄養バランス◎。
また、どんぶりや、麺、サラダやスープま
でと幅広いメニュー展開で飽きない！　1
回のレンチンで2品を作るワザも！

2. どんぶりやのっけ弁にせず、普通のおかずにしてもいい。組み合わせてもいい！

時間や気持ちの余裕がある時は、
どんぶりやのっけ弁にせずに、
普通のおかずとして作ってもい
い。また、パスタとサラダ、サ
ラダとスープなど組み合わせて
も！　子どもが複数いて、好み
が違うなんて場合に、内容の違
う2つのお弁当を作ることもラ
クラク！

p.56掲載ののっけ弁を普通につめると。

サラダとスープでボリュームアップ。

2つコンテナを使えば2種類
のお弁当もすぐにできる！

14

材料は冷蔵庫によくあるものだけ！
ごはんを炊き忘れてもなんとかなる。

レアな食材はなし！　冷蔵庫空っぽでもできるレシピも。

1. 冷蔵庫によくある素材でだいたいできる。

たんぱく質は豚や牛の薄切り肉、鶏のむね肉＆もも肉、ひき肉（鶏、豚、合いびき）がほとんど。卵や豆腐、厚揚げなどの豆腐製品もあると便利。野菜はじゃがいも、にんじん、玉ねぎなどの常備野菜に加えて季節の野菜など。

鶏肉

豚肉

ひき肉

卵

豆腐

野菜

他に、ツナ缶などの缶詰類、冷凍シーフード、豆類、わかめ、海苔、塩昆布などの海藻類、トッピングなど（p.114〜115）を常備しておくと便利！

2. ごはんを炊き忘れても、麺がある！

「ごはんを炊き忘れた！」という時、パスタや、冷凍うどん、中華麺などがあると役立つ。押し麦や春雨などスープに入れて増量できるものもあるとさらにいい。

15

"朝の切迫度"別！
「らくべん！」最ラクレシピ

「らくべん！」レシピはどれも実働3分以内の史上最ラク弁当ですが、
朝の切羽詰まり具合がMAXの時でも作れるレシピを紹介します。
「あああああ！ お弁当どうしよう！」と思ったら、まずこのお弁当から試してみて。

CASE 1
寝坊した！
とにかく、時間がない！

実働2分、加熱2
分。4分で完成！

P33 タコライス丼

P29 麻婆豆腐丼

実働2分、加熱時間2
分半。5分以内で完成！

材料切りと、うど
ん加熱同時進行で
2分半で完成！

P89 ぶっかけうどん弁

CASE 2
買い物してない！
冷蔵庫にめぼしい材料がない！

ウインナーかハムか
ベーコン、きのこが
あればできる！

さんまか鯖の缶詰、
卵、玉ねぎがあれ
ばできる！

**P34 きのことウインナーの
バター醤油丼**

P38 さんまの蒲焼き丼

P113 高野豆腐のサラダ弁

ハムと卵、キャベツ
があればできる！

P41 ハムエッグ丼

高野豆腐、卵、きゅ
うり、ウインナーが
あればごはんも不要。

CASE 3
二日酔い！　疲労困憊！
まな板を出す気力もない！

漬物と豚ひき肉とパス
タがあれば包丁も使わ
ず完成！ごはんも不要。

P77 豚高菜パスタ弁

**P94 鶏ひき肉と卵の
ふわふわ炒飯**

豚しゃぶしゃぶ用肉と
しめじとキムチと春雨
をそのまま入れるだけ！

フライパンなし！ ま
な板不要！ コンテナ
ひとつで絶品炒飯。

P124 豚キムチのスープ

Chapter 1

がっつり食べたい
どんぶり弁

定番大人気の牛丼や豚丼、親子丼から、
カフェめし風のタコライス丼やガーリックシュリンプ丼まで、
全部、レンチンで作れます！

お酢がポイント！
甘辛豚丼

材料 （1人分）

- 豚バラ薄切り肉……80g
- 玉ねぎ……1/4個（50g）

A
- 砂糖、オイスターソース、醤油、酢……各小さじ1
- 薄力粉……小さじ1/2

- ごはん、白ごま……各適量
- 大葉……1枚

作り方

1 豚肉は3センチ、玉ねぎは薄切りにする。

2 耐熱コンテナに、玉ねぎ、広げた豚肉、**A**を入れて軽くからめ、蓋をのせてレンジで3分加熱し、よく混ぜる。

3 弁当箱にごはんを盛り、大葉をしいて**2**をのせ、白ごまをふる。

材料替え

豚バラ肉を豚ひき肉や鶏ひき肉に替えてそぼろ丼にも。その場合は玉ねぎは1センチ角くらいに切ると大きさが揃って食べやすい。ひき肉を使う場合はかたまりになりやすいので、加熱後さらによく混ぜて。

1
材料を切る

レシピに書いてある通りに材料を
切る。なるべく同じ大きさに切り
そろえると均等に加熱される。

POINT!

キッチンスケールの上に直接コンテナ
を置いて、重さも量りながら材料を
切っていくと時短に。

レシピ中の A の調味料は
事前に混ぜておかなくて OK。
それぞれコンテナに入れていくだけ。

2
コンテナに
材料と調味料を
入れて、チン

レンチン前

POINT!

コンテナの蓋は斜めに置いて、
蒸気を逃がすようにする。ラッ
プの場合はふんわりかけて。

材料と調味料を次々に上から入れていき、全体にからめるように軽く混ぜて、蓋を斜めに置くかラップをふんわりかけてレンジで加熱（加熱前はちゃんと混ざってなくてもあまり気にしなくてOK）。加熱後、必ず熱いうちによく混ぜて調味液を全体にからめるようにし、しばらく冷ます。

レンチン後

チン！

POINT!

加熱し終わったらすぐに蓋を取って、中をお箸などでかき混ぜて。

3
盛り付ける

ごはんを弁当箱に盛り、その上に**2**をのせて、トッピングするものがある場合はかける。

完成！

POINT!

ごはんの一部を少しくぼめて、そこに**2**を入れるとバランスがいい。ドーナツ盛り、土手盛りなどお好みで。

ドーナツ盛り

土手盛り

なすのドライカレー丼

"カレー欲"も満たせるお弁当

材料 (1人分)

- 合いびき肉……70g
- なす……小1本 (70g)
- A
  - カレー粉、ケチャップ、醤油……各小さじ1
  - 塩、胡椒……各少々
- ごはん、フライドオニオン、パセリ……各適量
- クリームチーズ (個包装のもの／1センチ角に)……1/3個

作り方

1 なすはさいの目に切る。

2 耐熱コンテナに、合いびき肉と**A**を入れてよく混ぜ、なすを入れる。蓋をのせてレンジで3分加熱し、よく混ぜる。

3 弁当箱にごはんを盛り、**2**とフライドオニオン、パセリ、クリームチーズをのせる。

材料替え

なすをじゃがいもに替えても。その場合は加熱時間を少し増やす。

さっぱりとした味わい

油揚げ丼

材料 （1人分）

- 油揚げ……1/2枚
- にんじん……1/7本（20g）
- いんげん……2本
- しいたけ……2枚
- **A** ｜
  - ・砂糖、醤油……各小さじ1
  - ・塩……ひとつまみ
  - ・水……大さじ3
- ごはん……1膳分（150g）
- すし酢……小さじ2
- 黒ごま……小さじ1

作り方

1 油揚げは短冊、にんじんは千切り、いんげんはヘタを切り落として斜め薄切り、しいたけは薄切りにする。

2 耐熱コンテナに、**1**と**A**を入れて軽くからめ、蓋をのせてレンジで2分半加熱し、よく混ぜる。

3 熱々のごはんにすし酢と黒ごまを混ぜ、弁当箱に盛り、**2**をのせる。

材料替え

いんげんをピーマンやきぬさやなどに替えても。食感のある緑の野菜ならなんでもOK。

冷蔵庫にある野菜でOK!

中華丼

材料 （1人分）

- 豚こま切れ肉……50g
- ゆでうずら卵……3個
- 白菜……1枚
- しいたけ……1枚
- にんじん……少し（10g）
- 片栗粉……小さじ1
- **A**
  - 塩……ひとつまみ
  - 酒、醤油……各小さじ1
  - ごま油……小さじ1/2
- ごはん……適量

作り方

1 豚肉と白菜は1センチ、しいたけとにんじんは薄切りにする。

2 耐熱コンテナに、白菜としいたけ、にんじん、広げて片栗粉をはたいた豚肉、**A**を入れて軽くからめ、蓋をのせてレンジで3分加熱。取り出してうずら卵を加えてよく混ぜる。

3 弁当箱にごはんを盛り、**2**をのせる。

材料替え

白菜をキャベツやもやしに替えても。

韓国料理の定番もレンジで！

ビビンバ丼

材料 （1人分）

- 豚ひき肉……50g
- もやし……1/2袋（100g）
- にら……1/4束
- **A** ┤ ・砂糖、醤油、コチュジャン、
  片栗粉……各小さじ1
  ・塩、胡椒……各少々
- ごはん、すりごま、
  コチュジャン……各適量

作り方

1 にらは3センチに切る。

2 耐熱コンテナに、豚ひき肉と**A**を入れてよく混ぜ、もやし、にらを加える。蓋をのせてレンジで3分加熱し、よく混ぜる。

3 弁当箱にごはんを盛り、**2**とすりごま、コチュジャンをのせる。

材料替え

にらを小松菜や青梗菜に替えても。

ごまの芳ばしい香りが◎

鶏肉のごま照り焼き丼

材料 (1人分)

- 鶏むね肉……1/2枚 (120g)
- しめじ……1/2株
- 薄力粉……小さじ1
- **A**
  - 砂糖、みりん、醤油、すりごま……各小さじ1
  - 塩……ひとつまみ
- ごはん、万能ねぎ (小口切り)……各適量

作り方

1 鶏肉は斜めにそぎ切り、しめじは石づきを取って小房に分ける。

2 耐熱コンテナに鶏肉を並べ、薄力粉をまぶして**A**を軽くからめたら、しめじを加え、蓋をのせてレンジで3分加熱し、よく混ぜる。

3 弁当箱にごはんを盛り、**2**と万能ねぎをのせる。

材料替え
鶏むね肉を鶏もも肉に替えても。しめじはお好みのきのこで可。

POINT!

肉に厚みがある場合は、先に肉のみに薄力粉をまぶし、**A**をからめたほうが味がしみやすい。

肉に調味してから、きのこをのせる。きのこに、この時点で味がついてなくても、加熱後に混ぜることで、味がしみる。

かつおぶしの風味でごはんに合う

和風ラタトゥイユ丼

材料 (1人分)

- なす……小1本 (70g)
- ミニトマト……3個
- ベーコン……1枚 (20g)
- 玉ねぎ……1/4個 (50g)
- **A**
  - 塩……小さじ1/4
  - 醤油、オリーブオイル……各小さじ1
  - かつおぶし……1/2袋
- ごはん……適量
- 大葉 (1センチ角に)……1枚

作り方

1 なすは乱切り、ミニトマトは半分、ベーコンは1センチ、玉ねぎはくし形に切る。

2 耐熱コンテナに、**1**と**A**を入れて軽くからめ、蓋をのせてレンジで3分加熱し、よく混ぜる。

3 弁当箱にごはんを盛り、**2**をのせ、大葉を散らす。

材料替え

ベーコンをウインナーの輪切りに替えても。

レンジとは思えない本格派
麻婆豆腐丼

材料 （1人分）

- 豚ひき肉……50g
- 木綿豆腐……100g
- **A** | ・味噌、酒、醤油、ごま油、片栗粉……各小さじ1
  ・豆板醤……小さじ1/2
- ごはん、糸唐辛子、万能ねぎ（小口切り）……各適量

作り方

1 豆腐は2センチ角に切る。

2 耐熱コンテナに、豚ひき肉と**A**を入れてよく混ぜ、**1**を入れる。蓋をのせてレンジで2分半加熱し、よく混ぜる。

3 弁当箱にごはんを盛り、**2**と糸唐辛子、万能ねぎをのせる。

材料替え

豚ひき肉を鶏ひき肉に替えても。木綿豆腐を厚揚げに替えても。

材料替え

玉ねぎを長ねぎに替えても。

ふわふわ卵がおいしい

親子丼

> **材料** （1人分）

- 鶏もも肉……1/2枚（120g）
- 玉ねぎ……1/4個（50g）
- 溶き卵……1個
- **A**
  - みりん、醤油……各小さじ2
  - 塩……少々
  - かつおぶし……1/2袋
- ごはん、三つ葉（1センチに）……各適量

> **作り方**

1 鶏肉は2センチ角、玉ねぎはくし形に切る。

2 耐熱コンテナに、**1**と**A**を入れて軽くからめ、蓋をのせてレンジで3分加熱。いったん取り出して、軽く混ぜ、溶き卵を流し入れ、再び蓋をのせて1分追加で加熱。

3 弁当箱にごはんを盛り、**2**と三つ葉をのせる。

POINT!

レンジでの卵とじのポイントは、卵の白身部分が固まる程度まで加熱すること。加熱しすぎないように、何回かに分けてチンしても。汁気はある程度あったほうがおいしい。

男子に大人気！

牛丼

材料 （1人分）

- 牛バラ薄切り肉……100g
- 玉ねぎ……1/4個（50g）
- **A** ・酒、醤油……各小さじ2
  ・薄力粉……小さじ1/2
- ごはん、紅生姜……各適量

作り方

1 牛肉は3センチ、玉ねぎは薄切りにする。

2 耐熱コンテナに、**1**と**A**を入れて軽くからめ、蓋をのせてレンジで3分加熱し、よく混ぜる。

3 弁当箱にごはんを盛り、**2**と紅生姜をのせる。

材料替え

玉ねぎをえのきやしめじに替えても。

カレーの香りが食欲をそそる

カレー風味の木の葉丼

⊱ 材料 （1人分）

- ちくわ……3本
- 玉ねぎ……1/4個（50g）
- 油揚げ……1/4枚
- 溶き卵……1個
  - ⌐ 酒、醤油……各小さじ1
  - ・カレー粉……小さじ1/2
- **A** ・水……大さじ2
  - ・塩……ひとつまみ
  - ⌐ かつおぶし……1/2袋
- ごはん、三つ葉（1センチ）
  ……各適量

⊱ 作り方

1 ちくわは斜めに薄切り、玉ねぎは薄切り、油揚げは短冊に切る。

2 耐熱コンテナに、**1**と**A**を入れて軽くからめ、蓋をのせてレンジで2分半加熱。いったん取り出して軽く混ぜ、溶き卵を流し入れ、再び蓋をのせて1分追加で加熱。

3 弁当箱にごはんを盛り、**2**と三つ葉をのせる。

味変え

カレー粉をみりんに替え、普通の木の葉丼にしても。

おしゃれなカフェめし風
タコライス丼

材料 (1人分)

- 合いびき肉……80g
- 玉ねぎ……1/4個 (50g)

  A
  - ケチャップ、ウスターソース、醤油……各小さじ1
  - 薄力粉……小さじ1/2
  - 塩、胡椒……各少々

- ごはん、フライドオニオン、ブラックペパー……各適量
- レタス……1枚
- ミニトマト (半分に)……2個
- クリームチーズ (個包装のもの／1センチ角に)……1個

作り方

1 玉ねぎはみじん切り、レタスは食べやすい大きさにちぎる。

2 耐熱コンテナに、合いびき肉と玉ねぎ、**A**を入れてよく混ぜ、蓋をのせてレンジで2分加熱し、よく混ぜる。

3 弁当箱にごはんを盛り、レタスをしいて**2**をのせ、ミニトマト、クリームチーズ、フライドオニオンをのせ、ブラックペパーをふる。

味変え

ケチャップをカレー粉に替え、カレー味のタコライス丼にしても。

33

B級感がクセになる！
きのことウインナーのバター醤油丼

〜 材料 （1人分）

- エリンギ……大1本
- ウインナー……3本
- バター……10g
- **A**
  - 砂糖、片栗粉……各小さじ1/2
  - 醤油……小さじ1
  - ブラックペパー……少々
- ごはん、パセリ（みじん切り）……各適量

〜 作り方

1 エリンギは半分の長さのスティック状、ウインナーは斜めに切る。

2 耐熱コンテナに、**1**と**A**を入れて軽くからめ、バターを加える。蓋をのせてレンジで2分半加熱し、よく混ぜる。

3 弁当箱にごはんを盛り、**2**とパセリをのせる。

材料替え

ウインナーをベーコンやハムに替えても。ごはんにのりをしいて、具をのせてもおいしい。

色味もかわいい女子弁

ガーリックシュリンプ丼

材料 （1人分）

- むきえび……100g
- 冷凍コーン……大さじ2
- アスパラガス……2本
- バター……10g

A
- あらびきガーリック……ひとふり
- 醤油……小さじ1
- 片栗粉……小さじ1/2
- 塩……少々
- ごはん、ブラックペパー……各適量

作り方

1 むきえびは背わたを取り、アスパラガスは根元を切り落とし、4センチに切る。

2 耐熱コンテナに、**1**とコーンを入れて、蓋をのせてレンジで2分加熱。いったん取り出して、出てきた水分を捨て、**A**とバターを加えて軽くからめ、1分追加で加熱し、よく混ぜる。

3 弁当箱にごはんを盛り、**2**をのせる。お好みでブラックペパーをふる。

材料替え
アスパラガスをいんげんやピーマンに替えても。

日本人なら誰もが好きな味

すき焼き丼

材料 (1人分)

- 牛薄切り肉……50g
- 厚揚げ……小1個
- 長ねぎ……1/2本
- A ｜ •砂糖……小さじ1
    ｜ •醤油……小さじ2
- ごはん、七味唐辛子……各適量

作り方

1 牛肉は3センチ、厚揚げは厚み1センチ、長ねぎは斜め薄切りにする。

2 耐熱コンテナに、厚揚げ、長ねぎ、広げた牛肉、**A**を入れて軽くからめ、蓋をのせてレンジで3分加熱し、よく混ぜる。

3 弁当箱にごはんを盛り、**2**をのせ、七味唐辛子をふる。

材料替え

厚揚げを焼き豆腐や、戻した高野豆腐に替えても（高野豆腐は水分を絞りすぎない）。

れんこんのシャキシャキ感が◎

鶏とれんこんのバター醤油丼

材料 (1人分)

- 鶏むね肉……1/2枚(120g)
- れんこん……2センチ
- バター……10g

- **A**
  - 塩……少々
  - 砂糖、酒……各小さじ1
  - 醤油……小さじ2
  - 薄力粉……小さじ1/2

- ごはん、万能ねぎ(小口切り)、ブラックペパー……各適量

作り方

1 鶏肉はそぎ切り、れんこんは5ミリの半月形に切る。

2 耐熱コンテナに、鶏肉と**A**を入れてからめ、その上にれんこん、バターを加え、蓋をのせてレンジで4分加熱し、よく混ぜる。

3 弁当箱にごはんを盛り、**2**と万能ねぎをのせ、ブラックペパーをふる。

材料替え

れんこんを長芋やなすに替えても。

缶詰がおしゃれな丼に

さんまの蒲焼き丼

材料 （1人分）

- さんまの蒲焼き缶……1/2缶
- 玉ねぎ……1/4個（50g）
- 溶き卵……1個
- **A** ・缶の煮汁……小さじ2
  ・塩……少々
- ごはん、粉山椒……各適量
- 大葉……1枚

作り方

1 玉ねぎは薄切りにする。

2 耐熱コンテナに、**1**とさんまの蒲焼きと**A**を入れて軽くからめ、蓋をのせてレンジで1分半加熱。いったん取り出して、溶き卵を流し入れ、再び蓋をのせて追加で1分加熱。

3 弁当箱にごはんを盛り、大葉をしいて**2**をのせ、粉山椒をふる。

材料替え

さんまの蒲焼き缶を味付きの鯖缶に替えても。鯖は身をほぐして使用。

コクがあってごはんが進む！

豚肉と厚揚げの味噌マヨからめ丼

材料 （1人分）

- 豚ロース薄切り肉……50g
- 厚揚げ……小1個
- 長ねぎ……1/2本
- **A** 味噌、醤油、マヨネーズ ……各小さじ1
- ごはん、一味唐辛子……各適量

作り方

1 豚肉は3センチ、厚揚げは厚み1センチ、長ねぎは斜め薄切りにする。

2 耐熱コンテナに、厚揚げ、長ねぎ、広げた豚肉、**A**を入れて軽くからめ、蓋をのせてレンジで3分加熱し、よく混ぜる。

3 弁当箱にごはんを盛り、**2**をのせて、一味唐辛子をふる。

材料替え
豚肉をツナ缶に替えても。その場合、油は切り、加熱時間を少し減らして。

ピリッとスパイシー！
えびチリ丼

材料 （1人分）

- むきえび……100g
- ピーマン……2個
- **A**
  - ケチャップ、醤油、酒、砂糖、片栗粉、ごま油……各小さじ1
  - 豆板醤……小さじ1/2
- ごはん、糸唐辛子……各適量

作り方

1 むきえびは背わたを取り、ピーマンは乱切りにする。

2 耐熱コンテナに、**1**と**A**を入れて軽くからめ、蓋をのせてレンジで3分加熱し、よく混ぜる。

3 弁当箱にごはんを盛り、**2**と糸唐辛子をのせる。

材料替え

ピーマンを水煮のたけのこに替えても。

シンプルなのに意外なおいしさ！

ハムエッグ丼

材料 （1人分）

- ハム……3枚
- 卵……1個
- キャベツ……1枚
- ごま油……小さじ1
- **A** ｜ ・塩、胡椒……各少々
　　 ・醤油……小さじ1
- ごはん、万能ねぎ（小口切り）、
　ブラックペパー……各適量

作り方

1 キャベツは1センチに切る。

2 耐熱コンテナに**1**を入れ、ごま油を回しかけ、真ん中をへこませてハムをのせ、その上に卵を割り入れる。黄身を箸で2、3か所ついて穴をあけ、**A**をふって、蓋をのせ、レンジで2分加熱する。

3 弁当箱にごはんを盛り、**2**と万能ねぎをのせ、ブラックペパーをふる。

材料替え

キャベツを青梗菜やセロリに替えても。

レンジ調理を手早くする
7つのコツ

レンジ調理で唯一面倒なのは、材料を「切ること」と「量ること」。それすら、こんなコツでラクにできるんです。

1. 肉セットを作っておくと便利。

意外に面倒なのが肉をパックから出して切って……という作業。レシピでよく使う分量にあらかじめ分けて（できれば切って）ラップに包み、「肉セット」を作って冷蔵庫に入れておくと、手早くとりかかれる。

2. 食材を切る順番は、野菜→肉にすればまな板も包丁も洗わないですむ。

調理の最中に何度も包丁やまな板を洗うのは手間がかかるもの。食材を切る順番を、生で食べる野菜など→肉にすれば、まな板も包丁も最後まで洗わなくてすむ。

3. 量りながら切るとさらに時短！

電子レンジは重量によって加熱時間が決まるので、レシピの分量は正確に量ったほうがベター。最初からコンテナをキッチンスケールの上に置いてゼロの目盛りにし、材料を少しずつ切って量りながら入れていくと便利。

4. 調味料はチューブタイプ、バターは切れてるタイプを選ぶ。

瓶タイプの調味料だと、蓋を開けて、さじを差し込んで、と、何ステップもあるものが、チューブタイプだと片手でひと手間でOK。バターも切れてるタイプなら包丁すら使わずにすむことも。この違いは大きい！

5. 味噌は、自作の味噌チューブを作っておくとめっちゃラク！

でも、味噌はチューブタイプないんじゃない？と思ったアナタ！ 100円ショップに売っている調味料容器を利用して自作するのです！ 口のところは味噌の硬さに応じた太さに自分でハサミでカットして。

6. 砂糖、塩の中には、あらかじめ100均の計量スプーンを入れておく。

砂糖、塩、小麦粉、片栗粉などの容器にはそれぞれに100円ショップなどで売っている小さじ (5cc) を入れておくと便利。レシピに小さじ1とあればそのまま、大さじ1 (15cc) ならそれで3杯。洗う手間もない。

7. 計量スプーンで量る時は、粉末→液体の順番で！

6.のようにしておけば、粉末の調味料を計量スプーンで量ることはほぼないのだが、それでも必要がある時は、粉末調味料→液体調味料の順で量れば、計量スプーンを洗う手間がはぶける。

Chapter 2

食欲そそる のっけ弁

主菜を入れたコンテナと副菜をくるんだラップを同時にチン！
副菜は後で調味することで味も変えられます！
複数のおかずを1回のレンチンで作るスゴ技！

ピリ辛味噌で食欲全開！

なすと豚肉の味噌炒めのっけ

材料 (1人分)

- なす……中1本（100g）
- 豚バラ薄切り肉……80g
- いんげん……5本

A
- 砂糖、味噌……各小さじ1
- 醤油……小さじ1/2
- 豆板醤……小さじ1/4

B
- 出汁醤油、すりごま……各小さじ1/2
- ごはん、糸唐辛子……各適量

作り方

1 なすは乱切り、豚肉は3センチ、いんげんはヘタを切り落として半分の長さに切る。

2 耐熱コンテナに、なすと豚肉と**A**を入れ軽くからめて、蓋をのせる。いんげんはラップでくるむ。2つ一緒にレンジで4分加熱し、コンテナはよく混ぜる。いんげんは**B**で和える。

3 弁当箱にごはんを盛り、2と糸唐辛子をのせる。

材料替え

豚肉を豚ひき肉に替えても。その場合はかたまりになりやすいのでよく混ぜる。

1 材料を切る

レシピに書いてある通りに材料を切る。どんぶり弁のSTEP 1参照 (p.20)。

2 コンテナに材料と調味料を入れ、野菜はラップでくるんで、一緒にチン

材料と調味料を次々に上から入れていき、全体にからめるように軽く混ぜて、蓋を斜めに置くかラップをふんわりかける（加熱前はちゃんと混ざってなくてもあまり気にしなくてOK）。また、別にラップでくるむものはくるみ、コンテナの上に置いて一緒に加熱。コンテナは加熱後、必ず、熱いうちによく混ぜて調味液を全体にからめるようにし、しばらく冷ます。ラップもあけて熱いうちにラップの上で調味する。

レンチン前

POINT!

コンテナの蓋は斜めに置いて、蒸気を逃がすようにする。ラップの場合はふんわりかけて。ラップ野菜はその上に置く。

レンチン後

POINT!
ラップ野菜のほうはすぐに
あけて熱いうちに調味する。

POINT!
加熱し終わったらすぐに蓋を
取って、中をお箸などでかき混
ぜて。

3
盛り付ける

ごはんを弁当箱に盛り、その上に
2を分けてのせ、トッピングする
ものがある場合はかける。
どんぶり弁のSTEP3も参照(p.21)。

完成！

POINT!
少し白いごはんを見せるように
盛り付けるとバランスがよい。

もう1品ほしいときは
ラップチン野菜の味バリエ
(p.68)も参照して！

野菜炒めのっけ

材料 (1人分)

- 豚バラ薄切り肉……80g
- キャベツ……1枚
- もやし……1/3袋 (約70g)
- にんじん……1/7本 (20g)
- **A** │ 塩、胡椒……各少々
  │ 薄力粉……小さじ1/2
  │ 醤油……小さじ1
- 塩昆布……ひとつまみ
- ごはん……適量
- 大葉……1枚

作り方

1 豚肉は4センチ、キャベツは一口サイズ、にんじんは千切りにする。

2 耐熱コンテナに、豚肉とキャベツと**A**を入れて軽くからめ、蓋をのせる。もやしとにんじんはラップでくるむ。2つ一緒にレンジで4分加熱し、コンテナはよく混ぜる。もやしとにんじんは塩昆布で和える。

3 弁当箱にごはんを盛り、**2**と大葉をのせる。

材料替え

もやしを省き、その分にんじんを増やしても。

48

みんな大好き、照り焼きチキン

照り焼きチキンのっけ

材料 （1人分）

- 鶏もも肉……1/2枚（120g）
- ししとう……3本
- さつまいも……70g
- 塩……少々
- **A**
  - 塩、胡椒、薄力粉……各少々
  - 砂糖、みりん、醤油……各大さじ1/2
  - 生姜（すりおろし）……小さじ1/2
- **B**
  - マヨネーズ……大さじ1
  - カレー粉……ひとふり
- ごはん、七味唐辛子、刻み海苔……各適量

作り方

1 鶏肉は一口サイズのそぎ切り、さつまいもはさいの目に切って水にくぐらせ塩をふり、ししとうも塩をふる。

2 鶏肉と**A**を耐熱コンテナに入れ軽くからめ、蓋をのせる。さつまいもとししとうはそれぞれラップでくるむ。3つ一緒にレンジで4分加熱し、コンテナはよく混ぜる。さつまいもは**B**で和える。

3 弁当箱にごはんを盛り、刻み海苔をしいて、**2**をのせ、七味唐辛子をふる。

材料替え

ししとうをピーマンに替えても。

味変え

カレー粉を加えてカレー味の肉じゃがにしても。バターを落としてからめても美味。

じゃがいもにも味がしみしみ！
肉じゃがのっけ

材料 (1人分)

- 豚バラ薄切り肉……80g
- じゃがいも……中1個 (80g)
- 玉ねぎ……1/4個 (50g)
- にんじん……1/7本 (20g)
- スナップえんどう……5本
- 塩……少々
- **A** | みりん、醤油
  ……各小さじ2
  砂糖……小さじ1
- ごはん、かつおぶし……各適量

作り方

1 じゃがいもは3センチ角に切って水にくぐらせ、玉ねぎはくし形、にんじんは小さめの乱切り、スナップえんどうは筋を取る。豚肉は3センチに切る。

2 耐熱コンテナに、じゃがいも、玉ねぎ、にんじんの順に重ね、広げた豚肉と**A**を入れて軽くからめ、蓋をのせる。スナップえんどうはラップでくるみ、2つ一緒にレンジで5分加熱。スナップえんどうは塩をふる。コンテナはよく混ぜる。

3 弁当箱にごはんを盛り、**2**をのせ、かつおぶしをかける。

さっぱりしているのにコクがある

ささみとピーマンの細切り炒めのっけ

材料 (1人分)

- ささみ……2本(100g)
- ピーマン……2個
- じゃがいも……中1個(80g)

A
- 酒、オイスターソース、ごま油……各小さじ1
- 塩、胡椒……各少々
- 片栗粉……小さじ1/2

B
- ゆかり、マヨネーズ……各小さじ1

- ごはん……適量
- ミニトマト……2個

作り方

1 ささみは一口大、ピーマンは細切り、じゃがいもは1センチ角に切って水にくぐらせる。

2 耐熱コンテナに、ささみとピーマンと**A**を入れ軽くからめて、蓋をのせ、じゃがいもはラップでくるむ。2つ一緒にレンジで4分加熱し、コンテナはよく混ぜる。じゃがいもは、**B**で和える。

3 弁当箱にごはんを盛り、**2**とミニトマトをのせる。

材料替え

ピーマンをパプリカやなすに替えても。

ごはんに合うオムレツ！

中華風オムレツのっけ

材料 (1人分)

- 卵……1個
- 刻み高菜漬け……大さじ1
- ハム……1枚
- しめじ……1/2株

A
- 醤油……小さじ1/2
- マヨネーズ……大さじ1

B
- 砂糖、すりごま
  ……各小さじ1
- 醤油……小さじ1/2

- ごはん、万能ねぎ (小口切り)
  ……各適量

作り方

1. ハムはみじん切りにする。しめじは石づきを取って小房に分ける。

2. 耐熱カップにラップをしいて卵を割り入れ、高菜漬け、ハム、**A**を混ぜあわせる。しめじはラップでくるむ。2つ一緒に、レンジで3分加熱。しめじは、**B**で和える。卵は切り分ける。

3. 弁当箱にごはんを盛り、**2**と万能ねぎをのせる。

材料替え

高菜漬けをたらこをほぐしたものに替えても。

カフェオレボウルやごはん茶碗などにラップをしいて卵を割り入れる。ラップを破らないようゆっくりかき混ぜて。

しめじはラップでくるみ、卵の耐熱容器の隣に置いて、一緒にレンジで加熱する。加熱後、ラップの上で調味する。

しっとり春雨がおいしい

ひき肉と野菜の春雨煮のっけ

材料 (1人分)

- 豚ひき肉……80g
- いんげん……3本
- にんじん……1/5本 (約30g)
- 乾燥カット春雨……20g
- かぼちゃ……50g

A
- 塩、胡椒……各少々
- 酒、醤油、オイスターソース……各小さじ1
- 水……100cc

B
- 味噌……小さじ1/2
- はちみつ……小さじ1

- ごはん、白ごま……各適量

作り方

1 いんげんはヘタを切り落とし半分の長さに、にんじんも同じ大きさに切る。かぼちゃは5ミリ厚さに切る。

2 耐熱コンテナに、水にくぐらせた春雨、豚ひき肉、いんげん、にんじん、**A**を入れて軽くからめ、蓋をのせる。かぼちゃはラップでくるむ。2つ一緒にレンジに入れて4分加熱。かぼちゃは**B**で和える。コンテナはよく混ぜる。

3 弁当箱にごはんを盛り、**2**をのせ、白ごまをふる。

材料替え

いんげんを省き、にんじんを増やしても。

鶏のシンプルなおいしさを味わう

塩焼き鶏のっけ

材料 (1人分)

- 鶏むね肉……1/2枚 (120g)
- 長ねぎ……1/2本
- しいたけ……2枚
- **A** | ・塩……小さじ1/2
  ・酒……大さじ1
  ・ごま油……小さじ1
- **B** | ・醤油……小さじ1
- ごはん、糸唐辛子、白ごま
  ……各適量
- 大葉……2枚

作り方

1. 鶏肉はそぎ切り、しいたけは石づきを取って半分に、長ねぎは斜め薄切りにする。

2. 鶏肉と**A**を耐熱コンテナに入れてもみこみ、その上に長ねぎを加え、蓋をのせる。しいたけはラップでくるむ。2つ一緒にレンジに入れて3分加熱し、コンテナはよく混ぜる。しいたけは**B**で和える。

3. 弁当箱にごはんを盛り、大葉をしいて2と糸唐辛子をのせ、しいたけには白ごまをふる。

材料替え

しいたけをしめじやなすに替えても。

バター醤油が食欲そそる

鶏としめじのバター醤油炒めのっけ

材料 (1人分)

- 鶏もも肉……1/2枚 (120g)
- しめじ……1/2株
- じゃがいも……小1個 (60g)

A
- 醤油……小さじ1
- バター……5g
- 塩、胡椒……少々
- すりごま……大さじ1

B
- コチュジャン、マヨネーズ ……各小さじ1

- ごはん、万能ねぎ (小口切り) ……各適量

作り方

1 鶏肉は一口サイズのそぎ切り、しめじは石づきを取って小房に、じゃがいもは細切りにして水にくぐらせる。

2 耐熱コンテナに、鶏肉としめじと**A**を入れて軽くからめ、蓋をのせる。じゃがいもはラップでくるむ。2つ一緒にレンジで4分加熱し、コンテナはよく混ぜる。じゃがいもは**B**で和える。

3 弁当箱にごはんを盛り、**2**と万能ねぎをのせる。

材料替え

青梗菜を小松菜に替えても。

粒マスタード味のごぼうがアクセント

鶏と青梗菜のとろみ煮のっけ

材料（1人分）

- 鶏もも肉……1/2枚（120g）
- 青梗菜……1株
- 洗いごぼう……20g
- **A**
  - 塩、胡椒……各少々
  - 酒、醤油……各小さじ1
  - 片栗粉、生姜（すりおろし）……各小さじ1/2
  - 水……大さじ1
- **B**
  - 粒マスタード……小さじ1/2
  - マヨネーズ……小さじ1
  - 塩、胡椒……各少々
- ごはん、鷹の爪（小口切り）……各適量

作り方

1 鶏肉は一口サイズのそぎ切り、青梗菜は3センチに切り根元は6等分、ごぼうはさっと水にさらし、輪切りにする。

2 耐熱コンテナに、鶏肉と**A**を入れもみこみ、青梗菜をのせ、蓋をのせる。ごぼうは水大さじ1をふりかけてラップでくるむ。2つ一緒にレンジで4分加熱し、コンテナはよく混ぜる。ごぼうは**B**で和える。

3 弁当箱にごはんを盛り、**2**と鷹の爪をのせる。

セロリ好きにはたまらない！

セロ鶏炒めのっけ

材料 （1人分）

- 鶏もも肉……1/2枚（120g）
- セロリ……1/2本
- なす……小1本（70g）
- 大葉……2枚

A
- オイスターソース、ごま油……各小さじ1
- 醤油……小さじ1/2
- 塩、胡椒、薄力粉……各少々

B
- 塩……少々
- ごま油……小さじ1

- ごはん、糸唐辛子……各適量

作り方

1 鶏肉は一口サイズのそぎ切り、セロリは斜めに薄切り、なすは乱切り、大葉は1センチに切る。

2 耐熱コンテナに、鶏肉とセロリと**A**を入れ、軽くからめて、蓋をのせる。なすはラップでくるむ。2つ一緒にレンジで4分加熱し、コンテナはよく混ぜる。なすは**B**で和えて、大葉を混ぜる。

3 弁当箱にごはんを盛り、**2**と糸唐辛子をのせる。

材料替え

鶏もも肉を豚薄切り肉に替えても。

肉巻きや卵焼きもレンジでOK!

アスパラの豚まき照り焼きのっけ

材料 （1人分）

- アスパラガス……3本
- 豚バラ薄切り肉……3枚
- 薄力粉……少々
- 卵……1個
- 万能ねぎ（小口切り）……大さじ1
- 紅生姜……ひとつまみ

A みりん、醤油……各小さじ2

B
- マヨネーズ、水……各大さじ1
- 塩……少々
- かつおぶし……ひとつまみ

- ごはん……適量

作り方

1 アスパラガスは根元の皮をむいて、豚肉をまきつける。

2 1を耐熱コンテナに並べ、薄力粉をふって全体になじませたら**A**を入れて、蓋をのせる。耐熱のカップにラップをしいて卵を割り入れ、万能ねぎ、紅生姜、**B**を加えよく混ぜる。2つ一緒にレンジで4分加熱する。卵は取り出したあと、やけどしないように注意しながらラップで楕円に形を整えて、冷めたら4つに切る。

3 弁当箱にごはんを盛り、**2**をのせる。

材料替え

キャベツを小松菜に替えても。

ひれ肉なのに、こってりおいしい！

豚ひれ肉の味噌マヨからめのっけ

材料（1人分）

- 豚ひれ肉（1センチの厚み）
   ……4枚（150g）
- 薄力粉……小さじ1
- キャベツ……2枚

A
- 味噌……小さじ1
- マヨネーズ……大さじ1
- 七味唐辛子……少々

B
- 塩……少々
- ごま油、すりごま
   ……各小さじ1
- クリームチーズ
   （個包装のもの）……1個

- ごはん、万能ねぎ（小口切り）、一味唐辛子
   ……各適量

作り方

1 キャベツは3センチ角、クリームチーズは1センチ角に切る。

2 耐熱コンテナに、薄力粉をまぶした豚肉とAを入れ軽くからめて、蓋をのせる。キャベツはラップでくるみ、2つ一緒にレンジで5分加熱し、コンテナはよく混ぜる。キャベツはBで和える。

3 弁当箱にごはんを盛り、2と万能ねぎをのせ、一味唐辛子をふる。

POINT!

ちくわは広げて内側に切り込みを入れ、楊枝で広げて留める。レンジで加熱後に楊枝は抜く。

材料替え
ちくわをさつま揚げなどに替えても。

ちくわは立派な主菜です

ちくわの蒲焼きのっけ

材料 (1人分)

- ちくわ……3本
- じゃがいも……小1個 (60g)
- にんじん……1/4本 (35g)
- **A** めんつゆ (2倍濃縮) ……小さじ2
  みりん、水 ……各小さじ1
- **B** 青のり、塩……各少々
- ごはん、大葉 (半分に切る) 白ごま、粉山椒……各適量

作り方

1 ちくわは半分の長さに切って1枚に広げて内側に切り込みを入れ、楊枝で広げて留める。じゃがいもは千切りにして水にくぐらせ、にんじんも千切りにする。

2 耐熱コンテナにちくわと**A**を入れ、軽くからめて、蓋をのせる。じゃがいもとにんじんは一緒にラップでくるむ。2つ一緒にレンジで3分加熱し、コンテナはよく混ぜる。じゃがいもとにんじんは**B**で和える。

3 弁当箱にごはんを盛り、大葉をしいて、2をのせ、白ごまと粉山椒をふる。

61

材料替え
鶏ひき肉を豚ひき肉、豚バラ薄切り肉などに替えても。

セロリの香りで食欲増進

じゃがセロリそぼろのっけ

材料 (1人分)

- じゃがいも……中1個 (80g)
- セロリ……1/2本
- 鶏ひき肉……100g
- ブロッコリー……1/4株 (75g)
- **A**
  - 酒、みりん、醤油、ごま油……各小さじ1
  - 生姜 (すりおろし)……小さじ1/2
- **B**
  - バター……5g
  - たらこ……10g
- ごはん……適量
- ミニトマト……1個

作り方

1 じゃがいもは1センチ角に切って水にくぐらせ、セロリは斜め薄切りにする。ブロッコリーは小房に分ける。

2 耐熱コンテナに、じゃがいもとセロリ、鶏ひき肉と**A**を入れてよく混ぜ、蓋をのせる。ブロッコリーはラップでくるむ。2つ一緒にレンジで4分加熱し、コンテナはよく混ぜる。ブロッコリーは**B**で和える。

3 弁当箱にごはんを盛り、**2**をのせ、ミニトマトをそえる。

食欲のない時にもおすすめ

豚しゃぶ肉の梅炒めのっけ

材料 （1人分）

- 豚しゃぶしゃぶ用肉……5枚（80g）
- 青梗菜……1株
- エリンギ……1本
- **A**
  - 梅干し（種を取ってちぎる）……中1個
  - 酒、醤油、ごま油……各小さじ1
  - 塩、胡椒……各少々
- **B**
  - バター……5g
  - 塩昆布……ひとつまみ
- ごはん……適量

作り方

1 青梗菜は4センチに切り、根元は6等分にする。エリンギは輪切りにする。

2 耐熱コンテナに、青梗菜と広げた豚肉と**A**を入れ、軽くからめて蓋をのせる。エリンギはラップでくるむ。2つ一緒にレンジで4分加熱し、コンテナはよく混ぜる。エリンギは**B**で和える。

3 弁当箱にごはんを盛り、**2**をのせる。

材料替え

青梗菜を白菜に替えても。

節約素材でクセになる味

もやしとひき肉の甘辛炒めのっけ

材料 （1人分）

- 豆もやし……1/3袋（約70g）
- 豚ひき肉……80g
- 薄力粉……小さじ1/2
- 卵……1個

A
- 生姜（すりおろし）、醤油……各小さじ1/2
- 砂糖、味噌……各小さじ1

B
- マヨネーズ……大さじ1
- 塩……少々

- ごはん……適量
- 大葉……1枚

作り方

1 耐熱コンテナに豆もやし、豚ひき肉、薄力粉、**A**を入れて軽くからめ、蓋をのせる。

2 卵は耐熱カップに割り入れ、**B**を加え混ぜる。**1**と卵を一緒にレンジに入れ、4分加熱。卵は熱いうちに軽くかき混ぜる。コンテナもよく混ぜる。

3 弁当箱にごはんを盛り、大葉をしいて、**2**をのせる。

材料替え

豆もやしをキャベツに替えても。

材料替え
しいたけをなすに替えても。

ダイエット中にもおすすめ

甘辛しいたけのっけ

材料 （1人分）

- しいたけ……4枚
- ベーコン……1枚（20g）
- 青梗菜……1株
- バター……5g
- A｜・さとう、醤油……各小さじ1
  ｜・粒マスタード……小さじ1
- B｜・マヨネーズ……小さじ2
  ｜・醤油……小さじ1/2
- ごはん、白ごま……各適量

作り方

1 しいたけは石づきを取り、大きければ半分に、青梗菜は食べやすい大きさに、ベーコンは1センチに切る。

2 耐熱コンテナに、しいたけと**A**を入れて軽くからめ、バターを加えて、蓋をのせる。青梗菜とベーコンは一緒にラップでくるむ。2つ一緒にレンジで4分加熱し、コンテナはよく混ぜる。青梗菜とベーコンは水気を軽く切り、**B**で和える。

3 弁当箱にごはんを盛り、**2**をのせ、白ごまをふる。

噛みごたえあって、満足感大

牛肉入りきんぴらのっけ

材料 (1人分)

- 牛薄切り肉……60g
- 洗いごぼう……40g
- にんじん……1/4本 (35g)
- 卵……1個
- 塩、胡椒……各少々
- **A**
  - 水……大さじ1
  - 酒、砂糖、みりん、醤油……各小さじ1
  - 塩……少々
  - すりごま……小さじ2
- ごはん、イタリアンパセリ……各適量

作り方

1 ごぼうはさっと水にさらし、ごぼうとにんじんは薄いささがき、牛肉は2センチに切る。

2 耐熱コンテナに、ごぼうとにんじん、広げた牛肉、**A**を入れ、軽くからめて、蓋をのせる。別の小さめの耐熱カップに水を大さじ1入れ、卵を割り入れる。黄身を串でつついて穴をあけ、ふんわりとラップをかける。2つ一緒にレンジで5分加熱し、コンテナはよく混ぜる。卵は冷めたらラップを外して塩、胡椒をふり、半分に切る。

3 弁当箱にごはんを盛り、**2**とイタリアンパセリをのせる。

材料替え
ゴーヤをピーマンやししとうに替えても。

ゴーヤの苦みとかぼちゃの甘み

ゴーヤチャンプルーのっけ

材料（1人分）

- ゴーヤ……1/4本
- 油揚げ……1/2枚
- 豚バラ薄切り肉……40g
- かつおぶし……1/2袋
- かぼちゃ……40g

A
- 塩、胡椒……少々
- 醤油……小さじ1
- ごま油……小さじ1/2

B
- はちみつ、マヨネーズ……各小さじ1
- レーズン……7〜8粒

- ごはん……適量
- 大葉……1枚

作り方

1 ゴーヤは半分に切って種をつまみ取って薄切り、油揚げは短冊、豚肉は2センチ、かぼちゃは小さめの薄切りにして塩（分量外）をふる。

2 耐熱コンテナに、ゴーヤ、油揚げ、広げた豚肉、**A**を入れて軽くからめ、蓋をのせる。かぼちゃはラップにくるむ。2つ一緒にレンジで5分加熱し、コンテナにはかつおぶしを加えてよく混ぜる。かぼちゃは**B**で和える。

3 弁当箱にごはんを盛り、大葉と2をのせる。

あと1品にも大助かり！
ラップチン野菜の味バリエ

キャベツ

キャベツの葉2枚を3センチに切ってラップで
くるみ、レンジで1分半加熱してから調味。

ウスターソース＋おかか

ケチャップ＋カレー粉

ブロッコリー

ブロッコリー1/4株を小房に分けてラップで
くるみ、レンジで1分加熱してから調味。

ねりからし＋出汁醤油

コチュジャン＋クリームチーズ

野菜をラップでくるんで加熱し、後から調味するテクは、
もう1品、副菜を増やしたい時にも使えるワザ。ありがち
野菜の味付けのヒントをご紹介（調味料の分量はお好みで）。

＊このページの加熱時間は単体で加熱する場合です。

にんじん

にんじん5センチを1センチ角のスティック状に切って
ラップでくるみ、レンジで1分半加熱してから調味。

粒マスタード＋出汁醤油

わさび＋マヨネーズ

小松菜

小松菜1株を4センチに切ってラップでくるみ、
レンジで30秒加熱してから水気をしぼり、調味。

ピーナッツバター＋醤油

オイスターソース＋ごま油

Chapter 3

冷めてもおいしい
ヌードル弁

ごはんを炊き忘れてしまった時には、麺がある！
ストックしてある乾麺や冷凍麺も、
全部レンジだけでおいしいお弁当に早変わり！

なつかしの味がレンジで
ナポリタン弁

材料 (1人分)

- スパゲティ……100g
- ベーコン……2枚 (40g)
- 玉ねぎ……1/4個 (50g)
- ピーマン……1個

A
- ケチャップ……大さじ2
- バター……10g
- カレー粉、塩……各小さじ1/2
- 水……250cc

- ブラックペッパー、クリームチーズ
  (個包装のもの／1センチ角に)
  ……各適量

作り方

1 ベーコンは1センチ、玉ねぎは薄切り、ピーマンは輪切りにする。

2 耐熱コンテナに、2つに折ったスパゲティ、**1**と**A**を入れ、軽く混ぜて蓋をのせ、レンジで表示の茹で時間プラス2分多めに加熱し、よく混ぜる。

3 弁当箱に**2**を一口サイズに丸めながら入れ、クリームチーズをのせ、ブラックペッパーをふる。

材料替え

ピーマンをいんげんやしめじに替えても。

1 材料を切る

レシピに書いてある通りに
材料を切る。
どんぶり弁のSTEP1参照 (p.20)。

2 コンテナに 材料と調味料を 入れて、チン

レンチン前

POINT!

麺がパスタなど乾麺の場合は、
必ず麺全体が調味液に浸かるよ
うにする。

**底面が湾曲したボウルや、
大きすぎる容器だと、
パスタが液に浸らないので注意!**

POINT!

コンテナの蓋は斜めに置いて、
蒸気を逃がすようにする。ラッ
プの場合はふんわりかけて。

麺や1の材料と調味料を次々に上から入れて
いき、全体にからめるように軽く混ぜて、蓋
を斜めに置くかラップをふんわりかけてレン
ジで加熱 (加熱前はちゃんと混ざってなくて
もあまり気にしなくてOKだが、パスタは必
ず調味液に浸っているようにして)。加熱後、
必ず、熱いうちによく混ぜて麺をほぐしなが
ら調味液を全体にからめるようにし、しばら
く冷ます。

レンチン後

チン!

POINT!

加熱し終わったらすぐに蓋を
取って、中をお箸などでよくか
き混ぜて。麺がほぐれるまで、
ていねいに。

3
盛り付ける

麺を弁当箱に盛り付ける。

完成!

POINT!

麺は冷えて固まるとくっついて
しまうので、詰める時には、一
口ずつ取り、小皿とフォークで
ぐるっと巻いて、少しずつ詰め
ていく。食べる時に一口ずつ取
り出せるので食べやすい。

さっぱりしていてコクもある！

ベーコンと大葉のゆかりパスタ弁

材料 （1人分）

- スパゲティ……100g
- ベーコン……2枚（40g）
- しめじ……1/2株

A
- ゆかり……小さじ2
- 塩……少々
- バター……10g
- 水……200cc

- 大葉（千切り）……2枚
- レモン（輪切りを半分に）
  ……1枚

作り方

1 ベーコンは1センチ、しめじは石づきを取って小房に分ける。

2 耐熱コンテナに、2つに折ったスパゲティ、**1** と **A** を入れ、軽く混ぜて蓋をのせ、レンジで表示の茹で時間プラス2分多めに加熱し、よく混ぜる。

3 弁当箱に **2** を一口サイズに丸めながら入れ、大葉とレモンをトッピングする。

材料替え

ベーコンをウインナーに替えても。

本格派ミートソースもレンジで

ミートソースパスタ弁

材料 (1人分)

- ペンネ……60g
- 合いびき肉……50g
- 玉ねぎ……1/4個 (50g)
- にんじん……1/4本 (35g)
- **A**
  - ケチャップ……大さじ2
  - オイスターソース……小さじ1
  - 塩……小さじ1/3
  - ブラックペパー……少々
  - 水……200cc
- 粉チーズ、ドライパセリ……各適量

作り方

1 玉ねぎとにんじんはみじん切りにする。

2 耐熱コンテナに、ペンネ、**1**、合いびき肉、**A**を入れて、軽く混ぜて蓋をのせ、レンジで表示の茹で時間プラス2分多めに加熱し、よく混ぜる。

3 弁当箱に**2**を入れ、粉チーズ、ドライパセリをトッピングする。

材料替え
合いびき肉を牛ひき肉に替えても。

トマトと梅って意外に合う！

梅トマトパスタ弁

材料 （1人分）

- スパゲティ……100g
- ツナ缶……1/2缶
- ミニトマト……5個

A
- 塩……小さじ1/4
- 梅干し（種を取ってちぎる）……中1個
- オリーブオイル……小さじ2
- 水……200cc

- 大葉（千切り）……2枚

作り方

1 ミニトマトは半分に切る。

2 耐熱コンテナに、2つに折ったスパゲティ、ツナ（汁ごと）、ミニトマト、**A**を入れて軽く混ぜて蓋をのせ、レンジで表示の茹で時間プラス2分多めに加熱し、よく混ぜる。

3 弁当箱に**2**を一口サイズに丸めながら入れ、大葉をのせる。

材料替え

ツナをベーコンに替えても。

まな板も包丁も使わない！

豚高菜パスタ弁

材料 （1人分）

- スパゲティ……100g
- 刻み高菜漬け……大さじ2
- 豚ひき肉……50g
- **A** 醬油、ごま油……各小さじ1
- 水……200cc
- ブラックペパー……適量

作り方

1 耐熱コンテナに、2つに折ったスパゲティ、豚ひき肉、高菜漬け、**A**を入れ、軽く混ぜて蓋をのせ、レンジで表示の茹で時間プラス2分多めに加熱し、よく混ぜる。

2 弁当箱に**2**を一口サイズに丸めながら入れ、ブラックペパーをふる。

材料替え

刻み高菜漬けを、刻んだしば漬け、ザーサイ、キムチなどに替えても。

柚子胡椒がピリリとうまい！

ツナコーンとじゃがいもの
クリーミーマヨパスタ弁

材料 (1人分)

- スパゲティ……100g
- ツナ缶……1/2缶
- じゃがいも……中1/2個（40g）
- 冷凍コーン……大さじ1
- **A** 塩……小さじ1/3
  水……250cc
- **B** マヨネーズ……大さじ1
  醤油……小さじ1
  柚子胡椒……小さじ1/2
- パセリ（みじん切り）……1枝

作り方

1 じゃがいもは1センチ角に切って水にくぐらせる。

2 耐熱コンテナに、2つに折ったスパゲティ、じゃがいも、コーン、ツナ（汁ごと）、**A**を入れ、軽く混ぜて蓋をのせ、レンジで表示の茹で時間プラス2分多めに加熱し、**B**を加えてよく混ぜる。

3 弁当箱に　を一口サイズに丸めながら入れ、パセリをふる。

材料替え

じゃがいもをズッキーニやパプリカに替えても。

ちくわとたらこの好相性！

たらこバターパスタ弁

材料 (1人分)

- スパゲティ……100g
- いんげん……5本
- ちくわ……2本
- A
  - 塩……小さじ1/4
  - 水……250cc
  - オリーブオイル……小さじ1
- B
  - たらこ……30g
  - バター……5g
- レモン（いちょう切り）
  ……1枚

作り方

1 いんげんはヘタを切り落とし斜めに、ちくわは半分の長さのスティック状に切る。

2 耐熱コンテナに、2つに折ったスパゲティ、**1**、**A**を入れ、軽く混ぜて蓋をのせ、レンジで表示の茹で時間プラス2分多めに加熱。**B**を加えてよく混ぜる。

3 弁当箱に**2**を一口サイズに丸めながら入れ、レモンをトッピングする。

材料替え

ちくわを流水解凍させたシーフードミックスに替えても。

なすとしめじのハーモニー

ベーコンとしめじとなすのパスタ弁

材料 (1人分)

- ペンネ……60g
- ベーコン……2枚 (40g)
- しめじ……1/2株
- なす……小1/2本 (35g)
- **A**
  - 塩……小さじ1/2
  - 醤油、オリーブオイル ……各小さじ1
  - 水……200cc
- 万能ねぎ (小口切り)……少々

作り方

1 ベーコンは1センチ、しめじは石づきを取って小房に分け、なすは乱切りにする。

2 耐熱コンテナに、ペンネ、**1**、**A**を入れて軽く混ぜて蓋をのせ、レンジで表示の茹で時間プラス2分多めに加熱し、よく混ぜる。

3 弁当箱に**2**を入れ、万能ねぎをトッピングする。

材料替え

しめじをしいたけやまいたけに替えても。

香りのいいおしゃれ麺

塩焼きそば弁

材料 (1人分)

- 中華蒸し麺……1玉
- 鶏もも肉……1/2枚 (120g)
- セロリ……1/2本
- ごま油……小さじ1
- レモン (くし形)……1個

A
- 塩……小さじ1/3
- ブラックペッパー……少々
- 酒……小さじ1

材料替え

鶏もも肉を、鶏むね肉や豚薄切り肉に替えても。

作り方

1 セロリは斜めに薄切り、鶏肉はそぎ切りにして**A**をもみこむ。

2 耐熱コンテナに中華麺、**1**を入れて、ごま油をまわしかけ、蓋をのせ、レンジで3分半加熱し、よく混ぜる。

3 弁当箱に**2**を一口サイズに丸めながら入れ、レモンをのせる。

POINT!

中華蒸し麺の場合は、上に具をのせて、調味料は軽くからめるだけで加熱してOK。ただし、加熱後は全体をよく混ぜて味をなじませて。

ピーナッツがいい仕事してる

タイ風焼きそば弁

材料 (1人分)

- 中華蒸し麺……1玉
- 豚薄切り肉……60g
- もやし……1/5袋 (40g)
- にら……1/4束
- ごま油……小さじ1
- ピーナッツ
  ……あれば3粒くらい
- **A** ┃ ・オイスターソース、米酢
       ┃ ……各小さじ1
       ┃ ・醤油……小さじ1/2
       ┃ ・塩、胡椒……各少々

作り方

1 にらは3センチ、豚肉は食べやすく切る。ピーナッツは粗く刻む。

2 耐熱コンテナに中華麺、もやし、豚肉、**A**を入れ、ごま油をまわしかけ、軽くからめて蓋をのせ、レンジで3分加熱。にらを入れてよく混ぜる。

3 弁当箱に**2**を一口サイズに丸めながら入れ、ピーナッツをトッピングする。

材料替え

もやしをキャベツに替えても。

材料替え
にんじんの替わりにキャベツを増量しても。もしくは、もやしに替えても。

カレーと焼きそば合うんです！

豚カレー焼きそば弁

材料 (1人分)

- 中華蒸し麺……1玉
- 豚バラ薄切り肉……60g
- キャベツ……2枚
- にんじん……1/4本 (35g)
- 塩、胡椒……各少々

A
- カレー粉……小さじ1/2
- 出汁醤油……小さじ2
- ごま油……小さじ1

- かつおぶし……1/2袋

作り方

1 豚肉は3センチ、キャベツは3センチ角、にんじんは半月の薄切りにする。

2 耐熱コンテナに、中華麺、キャベツ、にんじん、広げた豚肉をのせ、塩、胡椒をふって**A**を入れ、軽くからめて蓋をのせ、レンジで3分加熱し、よく混ぜる。

3 弁当箱に2を一口サイズに丸めながら入れ、かつおぶしをのせる。

しっとり肉味噌がサイコー
肉味噌中華麺弁

材料 (1人分)

- 中華蒸し麺……1玉
- 豚ひき肉……60g
- ピーマン……2個
- ごま油……小さじ1
- **A** │ ・酒、味噌、豆板醤……各小さじ1
  │ ・生姜 (すりおろし)……小さじ1/4
  │ ・すりごま……小さじ2
- 糸唐辛子……適量

作り方

1 ピーマンは2センチ角に切る。

2 耐熱コンテナに、**1**、豚ひき肉、**A**を入れて、よく混ぜて、蓋をのせる。その上にラップでくるんだ中華麺をのせ、一緒にレンジで2分半加熱。麺はごま油をまぶしてほぐす。コンテナもよく混ぜる。

3 弁当箱に麺を一口サイズに丸めながら入れ、**2**の肉味噌をのせ、糸唐辛子をトッピングする。

材料替え
ピーマンをたけのこやなすに替えても。

POINT!

豚ひき肉とピーマン、調味液はよく混ぜて。

蓋を斜めに置いてその上にラップでくるんだ中華蒸し麺をのせる。

麺はごま油をまぶしてよく混ぜてほぐす。

さっぱりなのに後をひく
ゆかり焼きそば弁

材料 (1人分)

- 中華蒸し麺……1玉
- 豚ひき肉……60g
- キャベツ……2枚
- 冷凍コーン……大さじ1

A
- ゆかり……小さじ2
- バター……10g
- 塩、胡椒……各少々

作り方

1 キャベツは2センチ角に切る。

2 耐熱コンテナに中華蒸し麺、1、コーン、豚ひき肉、Aを入れて軽くからめて、蓋をのせ、レンジで3分半加熱し、よく混ぜる。

3 弁当箱に2を一口サイズに丸めながら入れる。

材料替え

豚ひき肉を豚薄切り肉に替えても。

材料替え
ブロッコリーは、キャベツやピーマン、ズッキーニなどに替えても。

ついそそられる屋台の味！
ソース焼きそば弁

材料 （1人分）

- 中華蒸し麺……1玉
- 豚バラ薄切り肉……60g
- ブロッコリー……1/4株 (75g)
- かつおぶし……1袋
- 紅生姜……少々

A
- 塩、胡椒……各少々
- ウスターソース……小さじ2
- 醤油……小さじ1

作り方

1 ブロッコリーは小さめの小房に分け、豚肉は3センチに切る。

2 耐熱コンテナに中華麺、ブロッコリー、広げた豚肉、**A**を入れて軽くからめて、蓋をのせ、レンジで3分加熱する。かつおぶしを加えてよく混ぜる。

3 弁当箱に**2**を一口サイズに丸めながら入れ、紅生姜をのせる。

青のりとかつおぶしが◎

醤油味の焼きうどん弁

材料 (1人分)

- 冷凍うどん……1玉
- キャベツ……2枚
- 豚バラ薄切り肉……60g
- 醤油……大さじ1
- 塩、胡椒……各少々
- かつおぶし……1/2袋
- 青のり……少々

作り方

1 キャベツは一口サイズ、豚肉は3センチに切る。

2 耐熱コンテナに、冷凍うどん、キャベツ、広げた豚肉をのせ、塩、胡椒をふって醤油をまわしかけ、具に軽くからめて、蓋をのせ、レンジで4分加熱。かつおぶしを入れてよく混ぜる。

3 弁当箱に2を一口サイズに丸めながら入れ、青のりをふる。

材料替え

キャベツはピーマンやもやしなどに替えても。

暑い季節にのど越しさわやか

ぶっかけうどん弁

材料 （1人分）

冷凍うどん……1玉
きゅうり……1/2本
揚げ玉……大さじ2
ちくわ……1本
紅生姜、すりごま……適量
出汁醤油……大さじ2

作り方

1 冷凍うどんはレンジで2分半加熱し、ざるにあけて冷水にあてる。

2 きゅうりは小口切りにして塩もみする。ちくわは輪切りにする。

3 弁当箱に1を一口サイズに丸めながら入れ、きゅうり、ちくわ、揚げ玉、紅生姜、すりごまを盛り付ける。出汁醤油を別添えにする。

材料替え

ちくわをカニカマやハム、ツナなどに替えても。

八宝菜みたいな味のうどん

中華風焼きうどん弁

材料 (1人分)

- 冷凍うどん……1玉
- 白菜……1枚
- しいたけ……2枚
- 豚しゃぶしゃぶ用肉
  ……4枚 (65g)
- **A** | ・塩、胡椒……各少々
  ・酒、醤油、オイスターソース
  ・ごま油……各小さじ1
- ゆでうずら卵……1個
- 紅生姜……適量

作り方

1 白菜はそぎ切り、しいたけは石づきを取って半分、豚肉は3センチに切る。

2 耐熱コンテナに、冷凍うどん、白菜、しいたけ、広げた豚肉、**A**を入れて、具に軽くからめて、蓋をのせ、レンジで4分加熱し、よく混ぜる。

3 弁当箱に**2**を一口サイズに丸めながら入れ、うずら卵を切ってのせ、紅生姜をそえる。

材料替え

白菜をキャベツやきぬさや、にんじんなどに替えても。

まるで本格エスニック！
タイ風焼きうどん弁

材料 （1人分）

- 冷凍うどん……1玉
- 豚ひき肉……60g
- もやし……1/2袋（100g）
- **A**
  - 生姜（すりおろし）……小さじ1/2
  - 醤油、酒、オイスターソース、砂糖、ごま油……各小さじ1
- パクチー……ひとつまみ
- フライドオニオン……小さじ2

作り方

1 パクチーは2センチに刻む。

2 耐熱コンテナに、冷凍うどん、豚ひき肉、もやし、**A**を入れて具に軽くからめ、蓋をのせてレンジで4分加熱し、よく混ぜる。

3 弁当箱に**2**を一口サイズに丸めながら入れ、パクチーとフライドオニオンをトッピングする。

材料替え

もやしをキャベツに替えても。

すき焼きの〆のお楽しみがレンジで

すき焼きうどん弁

材料 (1人分)

- 冷凍うどん……1玉
- 長ねぎ……1/2本
- 牛バラ薄切り肉……50g
- しいたけ……2枚
- **A**
  - 砂糖……小さじ1
  - 酒……大さじ1
  - 醤油……小さじ2

作り方

1 長ねぎは斜め薄切り、牛肉は2センチ、しいたけは石づきを取って半分に切る。

2 耐熱コンテナに冷凍うどん、長ねぎ、しいたけ、広げた牛肉、**A**を入れて、具に軽くからめて、蓋をのせてレンジで4分加熱し、よく混ぜる。

3 弁当箱に**2**を一口サイズに丸めながら入れる。

材料替え

しいたけをしめじやエリンギに替えても。

キムチを入れてもおいしそう

韓国風甘辛焼きうどん弁

材料 (1人分)

- 冷凍うどん……1玉
- 牛バラ薄切り肉……50g
- もやし……1/4袋 (50g)
- にら……1/4束
- すりごま……小さじ1
- **A** コチュジャン……小さじ2
  - 醤油……小さじ1
  - 砂糖……小さじ1/2
- コチュジャン……少々

作り方

1 牛肉は2センチ、にらは3センチに切る。

2 耐熱コンテナに冷凍うどん、もやし、広げた牛肉、**A**を入れて、具に軽くからめ、にらを加えて、蓋をのせる。レンジで4分加熱し、すりごまを入れてよく混ぜる。

3 弁当箱に**2**を一口サイズに丸めながら入れ、コチュジャンをそえる。

材料替え

牛肉を豚肉に替えても。

麺だけじゃない！
炒飯だってレンジでできる

フライパンを使わなくても、レンジでパラパラの炒飯が
できるって知ってましたか？　何もめぼしいおかずがない時の
お弁当にも、ひとりのランチにも最適です！

a

鶏ひき肉と卵の
ふわふわ炒飯

材料 (1人分)

- 卵……1個
- 鶏ひき肉……50g

A
- 塩……小さじ1/3
- 醤油、ごま油
　……各小さじ1

- あたたかいごはん
　……180g
- ごま油……小さじ1
- 万能ねぎ(小口切り)、紅生姜
　……各適量

作り方

1 耐熱コンテナに卵を割り入れ、鶏ひき肉と**A**を
入れてよく混ぜる。(a)

2 1にごはんを加えて手早く混ぜ、蓋をのせてレ
ンジで3分加熱。(b)

3 熱いうちに、万能ねぎとごま油を加えてよく混
ぜる。弁当箱に入れて、紅生姜をのせる。(c)

加熱前
b

加熱後

c

塩コンバターの炒飯

材料

ウインナー……2本
塩昆布……お箸でひとつまみ
あたたかいごはん……180g
バター……10g
醤油……小さじ1
万能ねぎ（小口切り）……適量

作り方

ウインナーは小口切りにする。

耐熱コンテナにごはんを入れ、ウインナーと塩昆布、バターをのせて醤油をかけ、軽く混ぜて、蓋をのせレンジで2分加熱。

熱いうちに、万能ねぎを加えてよく混ぜる。

Chapter 4

ダイエットにも！サラダ弁

女子中高生から要望の多い「ダイエット弁」。
野菜だけでなくたんぱく質も食物繊維も入ったパワーサラダなので、
糖質制限中のお父さんお母さんにもおすすめです。

おいもが入って腹持ちもいい
蒸ししゃぶサラダ弁

材料 （1人分）

- 豚しゃぶしゃぶ用肉
  ……5枚（80g）
- さつまいも……50g
- しめじ……1/2株
- レタス……2枚
- 水菜……1/4袋
- 塩昆布……ひとつまみ
- ごま油……小さじ2
- 酢……小さじ1

作り方

1 さつまいもは1センチ角に切って水にさらし、しめじは石づきを取って小房に分け、レタスは一口サイズにちぎり、水菜は4センチに切る。

2 耐熱コンテナに、しめじとさつまいも、広げた豚肉を入れ、塩昆布を散らしてごま油をかけ、軽くからめて蓋をのせ、レンジで3分加熱。酢を入れてよく混ぜ、冷ます。

3 弁当箱にレタスと水菜を入れ、2をのせる。

材料替え
さつまいもをじゃがいもやかぼちゃに替えても。

1
材料を切る

レシピに書いてある通りに材料を
切る。
どんぶり弁のSTEP1参照 (p.20)。

「加熱しない野菜→
加熱する野菜→肉」の順で切ると
まな板を洗う回数が減ります！

2
コンテナに
材料と調味料を
入れて、チン

レンチン前

POINT!

コンテナの蓋は斜めに置いて、
蒸気を逃がすようにする。ラッ
プの場合はふんわりかけて。

材料と調味料を次々に上から入れていき、全体にからめるように軽く混ぜて、蓋を斜めに置くかラップをふんわりかけてレンジで加熱（加熱前はちゃんと混ざってなくてもあまり気にしなくてOK）。加熱後、必ず、熱いうちによく混ぜて調味液を全体にからめるようにし、しばらく冷ます。

レンチン後

チン！

POINT!

加熱し終わったらすぐに蓋を取って、中をお箸などでよくかき混ぜて。サラダ弁はこの後、よく冷ますのがマスト！

3 盛り付ける

加熱しない野菜を下に敷いて、冷ました2を盛り付け、さらにトッピングするものがある場合はのせる。

完成！

POINT!

サラダ弁は季節を問わず、必ず保冷剤を添えて持っていったほうがよい。

お豆腐たっぷりでヘルシー

なすとツナの豆腐サラダ弁

材料 （1人分）

- なす……小1本（70g）
- 木綿豆腐……200g
- ツナ缶……1缶
- 乾燥わかめ……大さじ1
- **A** ┤ 醤油……小さじ1
  └ ごま油……小さじ2
- リーフレタス……適量
- 白ごま……小さじ1

作り方

1 豆腐はキッチンペーパーに包んで水切りし3セ
ンチ角、なすは乱切り、リーフレタスは食べや
すい大きさにちぎる。わかめは水にくぐらせる。

2 耐熱コンテナに、なす、軽く汁気を切ったツナ、
わかめ、**A**を入れ、軽くからめて、蓋をのせ、
レンジで2分半加熱。よく混ぜ冷ます。

3 弁当箱にリーフレタスと豆腐を入れ、2をのせて、
白ごまをふる。

材料替え

なすをズッキーニやしめじに替えても。

サラダなのにカレーの満足感！

カレーサラダ弁

材料 （1人分）

- 鶏ひき肉……50g
- かぼちゃ……50g
- ブロッコリー……1/2株 (150g)
- マヨネーズ……適量

A
- カレー粉……小さじ1
- 塩……小さじ1/2
- 胡椒……少々

B
- はちみつ……小さじ1
- 酢……小さじ2

作り方

1 かぼちゃは1センチ角、ブロッコリーは小さめの小房に分ける。

2 耐熱コンテナに、**1**と鶏ひき肉、**A**を入れて、よく混ぜ、蓋をのせてレンジで3分半加熱。粗熱が取れたら**B**を加えて混ぜる。

3 弁当箱に**2**を入れて、マヨネーズをかける。

材料替え

かぼちゃをさつまいもに替えても。

「わーきれい！」と女子中高生が大喜び！

蒸し鶏とカラフル野菜のサラダ弁

材料 (1人分)

- 鶏むね肉……1/2枚 (120g)
- パプリカ (黄)……1/4個
- 大根……30g
- きゅうり……1/2本
- くるみ (砕く)……3粒
- **A** ・ハーブソルト、オリーブ
　　オイル……各小さじ2
　・酢……大さじ1
- レタス……適量

作り方

1. 鶏肉はそぎ切り、パプリカと大根は1センチ角、きゅうりは乱切り、レタスは食べやすい大きさにちぎる。

2. 耐熱コンテナに鶏肉を重ならないように並べて **A** をふり入れ、蓋をのせ、レンジで2分加熱。よく混ぜ冷ます。

3. 弁当箱にレタスを入れて、 とパプリカ、大根、きゅうりをのせて、くるみを散らす。

材料替え

パプリカやきゅうり、大根などのどれかを、キウイ、ブドウ、オレンジなどの果物に替えても。果物を使うと、女子にはさらに喜ばれます！

野菜を増やせばボリューム感も

千切りキャベツの
シェイクサラダ弁

材料 (1人分)

- キャベツ……3枚
- 鶏ひき肉……80g
- **A**
  - 豆板醤……小さじ1/2
  - オイスターソース、醤油、砂糖、酢……各小さじ1
- 万能ねぎ、ミニトマト……適量

作り方

1. キャベツは千切り、ミニトマトは半分に、万能ねぎは小口に切る。

2. 耐熱コンテナに、鶏ひき肉と**A**を入れて混ぜ、蓋をのせ、レンジで2分半加熱。よく混ぜ冷ます。

3. 容器の一番下に**2**を入れ、その上にトマトと万能ねぎを重ね、さらにキャベツを詰めて蓋をしめる。容器ごと振り混ぜて食べる。

材料プラス
鶏ひき肉と一緒に、なすやズッキーニなどをレンチンして入れても。

さっぱり、いくらでも食べられる
キャベツともやしの和風サラダ弁

材料 (1人分)

- キャベツ……1枚
- 豆もやし……1/4袋 (50g)
- ちくわ……2本
- **A**
  - 塩……小さじ1/3
  - 醤油……小さじ1
  - ごま油……小さじ2
- かつおぶし……1袋
- プロセスチーズ (個包装のもの／1センチ角に)……2個
- 万能ねぎ (小口切り)……適量

作り方

1 キャベツは3センチ角、ちくわは輪切りにする。

2 耐熱コンテナに、**1**ともやし、**A**を入れて軽くからめ、蓋をのせてレンジで2分加熱。熱いうちにかつおぶしを混ぜて冷ます。

3 弁当箱に**2**を入れて、プロセスチーズと万能ねぎをのせる。

材料替え

かつおぶしを青のりに替えても。万能ねぎを紅生姜に替えても。

食物繊維たっぷり！

きのことブロッコリーのサラダ弁

材料 (1人分)

- まいたけ……1パック (70g)
- ベーコン……1枚 (20g)
- じゃがいも……小1個 (60g)
- ブロッコリー……1/2株 (150g)
- **A** ・塩、胡椒……少々
  ・オリーブオイル……小さじ1
- ミックス豆……40g
- フライドオニオン……小さじ1

作り方

1 まいたけは食べやすい大きさに裂き、じゃがいもは薄く輪切りにして水にくぐらせ、ベーコンは1センチ幅に切り、ブロッコリーは小房に分ける。

2 耐熱コンテナに、 と**A**を入れ、軽くからめて、蓋をのせ、レンジで4分加熱。よく混ぜ冷ます。

3 弁当箱に と ミックス豆を入れて、フライドオニオンをのせる。

材料替え

まいたけをしめじやエリンギ、ブナピーなどお好みのきのこに替えても。

105

ジャーサラダにすると見た目もきれい

ツナとじゃがいものサラダ弁

材料 (1人分)

- ツナ缶……1缶
- じゃがいも……小1個 (60g)
- きゅうり……1/2本
- ミックスナッツ……25g
- 塩、胡椒……各少々
- **A**
  - 粒マスタード……小さじ1/2
  - オリーブオイル……大さじ1
  - 酢……小さじ1
  - 塩、胡椒……各少々

作り方

1 じゃがいもは1センチ角に切って水にくぐらせ、きゅうりは乱切りにする。

2 耐熱コンテナに、じゃがいもを入れ塩、胡椒をふり、軽くからめて、蓋をのせ、レンジで1分半加熱。よく混ぜ冷まして、きゅうりと、汁気を切ったツナ、ミックスナッツ、**A**を入れて混ぜる。

3 弁当箱に入れる。

材料替え

きゅうりをパプリカやピーマン、ズッキーニなど生で食べられる野菜に替えても。

材料替え

大葉を三つ葉やパクチーなどの香味野菜、ちぎった梅干しなどに替えても。

大根の豚肉巻きが新鮮！

サラダ巻きポーク弁

材料 （1人分）

- 豚しゃぶしゃぶ用肉……4枚（65g）
- 大根……2〜3センチ（100g）
- しめじ……1/2株
- 大葉（2センチ角）……1枚
- プロセスチーズ（個包装のもの／1センチ角に）……1個
- 塩、胡椒……各少々
- 醤油……小さじ1

作り方

1 しめじは石づきを取って小房に分ける。大根は5センチの長さで1センチ角のスティック状に切り、豚肉に置いてくるりと巻く。これを4つ作る。

2 巻き終わりが下になるように耐熱コンテナに入れ、塩、胡椒をふり、しめじをのせて醤油をふりかける。蓋をのせて、レンジで2分加熱。豚肉巻きは取り出して切る。

3 弁当箱に**2**を入れ、プロセスチーズと大葉を散らす。

粒マスタードでパンチあり

厚揚げとブロッコリーのサラダ弁

材料 (1人分)

- 厚揚げ……150g
- ブロッコリー
  ……1/3株 (100g)

A
- ・粒マスタード……小さじ1
- ・醤油……小さじ2
- ・マヨネーズ……大さじ1

- 大根……2〜3センチ (100g)

作り方

1 ブロッコリーは小房に分け、厚揚げは3センチ角、大根は千切りにする。

2 耐熱コンテナに、ブロッコリーと厚揚げ、**A**を入れ、軽くからめて、蓋をのせ、レンジで2分半加熱。よく混ぜ冷ます。

3 弁当箱に大根を入れ、**2**をのせる。

材料替え

ブロッコリーをカリフラワーやアスパラガスなどに替えても。

ボリューミーなマカロニサラダ！

ショートパスタのサラダ弁

材料 （1人分）

- 茹で時間が短いマカロニ……30g
- エリンギ……1本
- ハム……2枚
- ゆで卵……1個
- きゅうり……1/2本
- リーフレタス……適量
- **A** | 水……100cc
       | 塩……小さじ1/3
- **B** | レモン汁、マヨネーズ
       | ……各大さじ1
       | 塩、胡椒……少々
- レモン（いちょう切り）……1枚
- ブラックペパー……適量

作り方

1 エリンギは薄切り、ハムは6等分、きゅうりは乱切り、ゆで卵は4等分にする。

2 耐熱コンテナに、マカロニ、エリンギ、**A**を入れて蓋をのせ、表示の茹で時間プラス2分加熱し、水気を捨てて冷まし、**B**で和える。

3 弁当箱にリーフレタスをしいて、**2**と、ハムときゅうり、ゆで卵を入れ、レモンを散らし、ブラックペパーをふる。

材料替え

エリンギを小さくカットしたかぼちゃやじゃがいもに替えても。

不足しがちな海藻類を補給！

ひじきの和風サラダ弁

材料 (1人分)

- ドライパックひじき……60g
- ひよこ豆……30g
- ベーコン……1枚 (20g)
- いんげん……5本
- **A**
  - 塩……小さじ1/4
  - オリーブオイル……小さじ2
  - クミン……少々 (あれば)
- キャベツ……2枚

作り方

1 いんげんはヘタを切り落として4等分、ベーコンは1センチに切る。キャベツは千切りにする。

2 耐熱コンテナに、ひじきとひよこ豆とベーコン、いんげん、**A**を入れて軽くからめて、蓋をのせ、レンジで3分加熱。よく混ぜ冷ます。

3 弁当箱にキャベツを入れて、**2**をのせる。

材料替え

ひよこ豆は、大豆の水煮や蒸し大豆などに替えても。

イタリアンなおしゃれサラダ

豚ひれ肉のサラダ弁

材料 (1人分)

- 豚ひれ肉……100g
- ズッキーニ……1/2本
- ミニトマト……3個
- クリームチーズ (個包装のもの)
  ……1個
- **A** │ ・塩……小さじ1/2
  │ ・オリーブオイル……大さじ1
- 酢……小さじ1
- **B** │ 乾燥バジル……小さじ1
  │ ブラックペパー……少々

作り方

1 豚肉は2センチ角、ズッキーニは小さめの乱切り、ミニトマトは半分に、クリームチーズは1センチ角に切る。

2 耐熱コンテナに、豚肉を入れ、**A**をふって蓋をのせ、レンジで2分加熱し、酢をかけて冷ます。**1**のズッキーニ、ミニトマト、クリームチーズ、**B**を入れて軽くからめる。

3 弁当箱に**2**を入れる。

材料替え

ズッキーニをサニーレタスやベビーリーフミックスなどに替えても。

111

ナンプラーなしなのにタイの味！

タイ風サラダ弁

材料 (1人分)

- 豚ひき肉……50g
- 乾燥カット春雨……40g
- いんげん……5本
- **A**
  - オイスターソース、ごま油……各小さじ1
  - 醤油、砂糖、酢……各小さじ1/2
  - 塩、胡椒……各少々
  - 水……100cc
- レタス……適量
- ミニトマト（4等分）……2個
- レモン（いちょう切り）……1枚

作り方

1 いんげんはヘタを切り落として半分の長さに切り、レタスは食べやすい大きさにちぎる。

2 耐熱コンテナに、**A**を入れてよく混ぜ、春雨を浸すように入れ、豚ひき肉、いんげんを入れ軽くからめて蓋をのせ、レンジで5分加熱。よく混ぜ冷ます。

3 弁当箱にレタスをしいて、**2**を入れ、ミニトマト、レモンをのせる。

材料替え

いんげんをアスパラガスやスナップえんどうに替えても。

高野豆腐が食べごたえあり！

高野豆腐のサラダ弁

材料 （1人分）

- 高野豆腐……1枚（17g）
- ウインナー……2本
- ゆで卵……1個
- きゅうり……1/3本
- **A** | 水……100cc
  | 塩、胡椒……各少々
- **B** | 粒マスタード……小さじ1
  | マヨネーズ……大さじ1
- レタス……適量

作り方

1 高野豆腐は水に浮かべて戻し、水気を絞って細かく刻む。ウインナーは小口切り、ゆで卵は刻み、レタスは食べやすい大きさにちぎる。きゅうりは薄切りにして塩もみし、水気を絞る。

2 耐熱コンテナに、高野豆腐とウインナー、**A**を入れて軽くからめて、蓋をのせ、レンジで3分加熱し、冷ます。ゆで卵ときゅうり、**B**を入れてよく混ぜる。

3 弁当箱にレタスをしいて、**2**を入れる。

材料替え

ウインナーをツナ缶や鶏ひき肉に替えても。

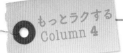
見た目大逆転の
魔法のトッピング

赤で華やか！

ミニトマト

紅生姜

緑で爽やか！

大葉

万能ねぎ

茶色で香ばし！

フライドオニオン

白ごま

黒と黄色でパキっと！

刻みのり

黒ごま

なんだか茶色くて見た目がよくないお弁当になっちゃった……。そんな時でも、これらのトッピングを用意しておけば最後で大逆転が可能。もちろん見た目だけでなく味の相性も考えて使うとGOOD！

糸唐辛子

七味唐辛子

定番中の定番のミニトマト以上に使えるのが紅生姜。ちょっとしたお漬物気分で添えて。買っておいて損はない。

青のり

バジル

万能ねぎは小口切りにして冷蔵、または小分けにして冷凍しておくと緑が足りない時にすぐに使えて便利。

ミックスナッツ

かつおぶし

フライドオニオンは見た目がおしゃれになるだけでなく、玉ねぎのコクもプラスしてくれる超優秀食材！

冷凍コーン

なんとなくぼんやりしたお弁当には黒いトッピングをするとパキっとしまる。冷凍コーンはかわいくしたい時に。

Chapter 5

ほっこりできる スープ弁

寒い季節には具だくさんスープ弁当もおすすめ。
春雨やペンネ、大麦などを加えると
さらに腹持ちのよいスープになります。

スパイシーでほかほかあったまる！
ひき肉ポテトカレーのスープ

材料 (1人分)

- 鶏ひき肉……50g
- じゃがいも……小1個 (60g)
- A
  - カレー粉……小さじ1
  - めんつゆ (2倍濃縮)……大さじ1
  - 塩、胡椒……各少々
- フライドオニオン……小さじ1
- 熱湯……150cc

作り方

1 じゃがいもは1センチ角に切って水にくぐらせる。

2 耐熱コンテナに、じゃがいも、鶏ひき肉、Aを入れて軽くからめて、蓋をのせ、3分加熱。

3 スープジャーに2とフライドオニオンを入れ、熱湯を注ぐ。

材料替え

鶏ひき肉を豚ひき肉に、じゃがいもをきのこ類に替えても。

1
材料を切る

レシピに書いてある通りに材料を
切る。
どんぶり弁のSTEP1参照 (p.20)。

スープジャーは容量が
300cc〜380ccのものを
基本にしています！

2
コンテナに
材料と調味料を
入れて、チン

レンチン前

POINT!

コンテナの蓋は斜めに置いて、
蒸気を逃がすようにする。ラッ
プの場合はふんわりかけて。

材料と調味料を次々に上から入れてい
き、全体にからめるように軽く混ぜ
て、蓋を斜めに置くかラップをふんわ
りかけてレンジで加熱（加熱前はちゃ
んと混ざってなくてもあまり気にしな
くてOK）。加熱後、必ず、熱いうち
によく混ぜて調味液を全体にからめる。

レンチン後

チン！

3
スープジャーに
2と熱湯を入れる

スープジャーを温めておいたお湯を捨て、
2や他の具材を入れて、熱湯を注ぎ直し、
すぐに、蓋をしっかり締める。

完成！

POINT!

レンジで加熱している
間に、お湯を沸かし、
スープジャーの中にお
湯を入れてスープジャ
ーを温めておくとよい。

POINT!

熱湯はスープジャーの規定の位
置を超えないように注ぐ。溢れ
てやけどしないよう気をつけて。

スパイシーでほかほかあったまる！

トマトとベーコンと豆のスープ

味変え

少量のカレー粉を加えたり、バジルなどの乾燥ハーブを入れても。

材料 （1人分）

- トマト……中1個（100g）
- ベーコン……約2枚（30g）
- **A** オリーブオイル……小さじ2
- 顆粒コンソメ……小さじ1/2
- ミックス豆……30g
- 塩、胡椒……各少々
- 熱湯……150cc

作り方

1 トマトは1センチ角、ベーコンは1センチに切る。
2 耐熱コンテナに、1とAを入れて軽くからめて、蓋をのせ、レンジで2分加熱。
3 スープジャーに2とミックス豆を入れ、熱湯を注いで塩、胡椒をふる。

シーフードミックスでこんなに本格派！

クラムチャウダー風スープ

味変え

コンテナにケチャップを加えると、トマトクリームスープに！

材料 （1人分）

- 冷凍シーフードミックス……60g
- 玉ねぎ……1/4個（50g）
- じゃがいも……小1個（60g）
- キャベツ……1枚
- 薄力粉……小さじ1
- バター……5g
- 牛乳……150cc
- 顆粒コンソメ……小さじ1/2
- 塩、胡椒、ブラックペパー……各少々

作り方

1 玉ねぎとじゃがいも、キャベツはそれぞれ1センチ角に切る。
2 耐熱コンテナに、1とシーフードミックス、薄力粉を入れ、全体にまぶすように混ぜたらバターを入れ、蓋をのせて、レンジで3分加熱。いったん取り出し、牛乳、顆粒コンソメ、塩、胡椒を加えて、蓋をのせて、1分半追加で加熱。
3 スープジャーに2を入れ、ブラックペパーをふる。

厚揚げと長ねぎの好相性

厚揚げと豚肉の中華風スープ

材料 (1人分)

- 厚揚げ……小1個
- 豚しゃぶしゃぶ用肉……3枚(50g)
- 長ねぎ……10センチ
- **A**
  - 鶏ガラスープの素……小さじ1/2
  - ごま油……小さじ1
- 塩、胡椒……各少々
- 熱湯……150cc

作り方

1. 厚揚げは1センチ角、長ねぎは斜めに薄切り、豚肉は半分に切る。
2. 耐熱コンテナに、厚揚げ、長ねぎと広げた豚肉、**A**を入れて軽くからめて、蓋をのせ、レンジで3分加熱。
3. スープジャーに**2**を入れ、熱湯を注いで、塩、胡椒をふる。

味変え

ナンプラー少々とレモン汁を加えるとエスニック風に。

春雨にも味がしみて美味!

麻婆春雨スープ

材料 (1人分)

- 豚ひき肉……50g
- しめじ……1/2株
- 豆板醤……小さじ1
- **A**
  - 乾燥カット春雨……12g
  - 鶏ガラスープの素……小さじ1/2
  - 醤油、白ごま、ごま油……各小さじ1
- 熱湯……150cc

作り方

1. しめじは石づきを取って小房に分ける。
2. 耐熱コンテナに、**1**、豚ひき肉、豆板醤を入れて軽くからめて、蓋をのせ、レンジで2分半加熱。
3. スープジャーに**2**と**A**を入れ、熱湯を注ぐ。

味変え

豆板醤を省いて中華風春雨スープにするとお子様にも!

材料2品のシンプルスープ

牛肉と青梗菜の生姜スープ

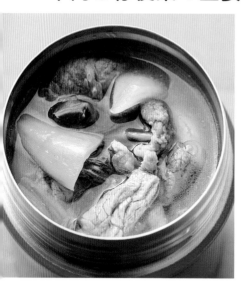

材料 （1人分）

- 牛薄切り肉……60g
- 青梗菜……1株

A
- 生姜（すりおろし）……小さじ1
- 酒、醤油……各小さじ1

B
- 鶏ガラスープの素……小さじ1/2
- ごま油……小さじ1

- 熱湯……150cc

作り方

1 牛肉は1センチに切り、**A**をもみこむ。青梗菜は食べやすく切る。
2 耐熱コンテナに、**1**を入れて蓋をのせ、2分半加熱。
3 スープジャーに**2**と**B**を入れ、熱湯を注ぐ。

材料替え
青梗菜を小松菜や春菊に替えても。

シンプル素材なのにコクがたっぷり

ツナとトマトのスープ

材料 （1人分）

- ツナ缶……1/2缶
- トマト……1/2個
- キャベツ……1枚
- 顆粒コンソメ……小さじ1/2
- 塩……少々
- フライドオニオン……大さじ1
- 熱湯……150cc

作り方

1 トマトはざく切り、キャベツは2センチ角に切る。
2 耐熱コンテナに、**1**と軽く汁気を切ったツナ、コンソメ、塩を入れて軽くからめて、蓋をのせ、レンジで2分加熱。
3 スープジャーに**2**とフライドオニオンを入れ、熱湯を注ぐ。

材料替え
塩を、ちぎった梅に替えたり、クリームチーズをちぎって溶かしても。

正月明けの余ったもちはこれで消費！

もち巾着入り和風スープ

材料 （1人分）

- もち入り巾着……1個
- 小松菜……1株
- ベーコン……2枚（40g）
- A
  - めんつゆ（2倍濃縮）……大さじ1と1/2
  - 塩、胡椒……各少々
- 熱湯……150cc

作り方

1 小松菜は4センチ、ベーコンは1センチに切る。
2 耐熱コンテナに、1とAを入れて軽くからめて、蓋をのせ、レンジで1分半加熱。
3 スープジャーに2ともち入り巾着を入れ、熱湯を注ぐ。

材料替え

もち入り巾着を普通のおもちに替えても。その場合、2センチ角くらいに切って。

絶対おいしい組み合わせ！

鶏と大根のスープ

材料 （1人分）

- 鶏もも肉……50g
- 大根……1センチ（45g）
- A
  - 塩、胡椒……各少々
  - 酒、生姜（すりおろし）……各小さじ1
- 押し麦……20g
- 鶏ガラスープの素……小さじ1/2
- ブラックペパー……少々
- 熱湯……150cc

作り方

1 鶏肉は2センチ角、大根はいちょう切りにする。
2 耐熱コンテナに、1とAを入れて軽くからめて、蓋をのせ、レンジで2分半加熱。
3 スープジャーに2と押し麦、鶏ガラスープの素を入れ、熱湯を注いでブラックペパーをふる。

味変え

オイスターソースとごま油を加えてコク旨スープにしても。

子供も大好きな味！

きのことウインナーのスープ

材料 (1人分)

- しめじ……1/2株
- ウインナー……2本

A ┃ • 醤油……小さじ1
　 ┃ • 塩……少々

B ┃ • フライドオニオン……大さじ1
　 ┃ • 顆粒コンソメ……小さじ1/2

- 万能ねぎ (小口切り)……適量
- ブラックペパー……少々
- 熱湯……150cc

作り方

1 しめじは石づきを取って小房に分け、ウインナーは斜め薄切りにする。
2 耐熱コンテナに、**1**と**A**を入れ、軽くからめて、蓋をのせ、電子レンジで1分半加熱。
3 スープジャーに**2**と**B**を入れ、熱湯を注ぎ、万能ねぎとブラックペパーをふる。

定番おかずがスープになった！

豚キムチのスープ

材料 (1人分)

- 豚しゃぶしゃぶ用肉……4枚 (65g)
- しめじ……1/2株
- キムチ……20g

A ┃ • 乾燥カット春雨……12g
　 ┃ • 鶏ガラスープの素……小さじ1/2
　 ┃ • ごま油……小さじ1

- 熱湯……150cc

作り方

1 しめじは石づきを取って小房に分ける。
2 耐熱コンテナに、**1**、広げた豚肉、キムチを入れ、軽くからめて蓋をのせ、レンジで2分加熱。
3 スープジャーに**2**と**A**を入れ、熱湯を注ぐ。

まいたけからいいお出汁が！

つくね入りスープ

材料 （1人分）

- 鶏ひき肉……80g
- **A** ┤ ・片栗粉……小さじ1/2
     ・塩、胡椒……各少々
- まいたけ……1/2パック（35g）
- 醤油……小さじ1
- **B** ┤ ・押し麦……20g
     ・かつおぶし……1袋
- 熱湯……150cc

味変え

醤油とかつおぶしをナンプラーに替えるとエスニック風に。

作り方

1 まいたけは食べやすい大きさに裂く。鶏ひき肉は**A**を加え、スプーンで練り混ぜる。
2 耐熱コンテナに、まいたけを入れ、鶏ひき肉をスプーンで丸めながらのせ、醤油を入れて軽くからめる。レンジで3分加熱。
3 スープジャーに**2**と**B**を入れ、熱湯を注ぐ。

ピリ辛味噌と卵がよく合う！

大根とひき肉と卵のピリ辛味噌スープ

材料 （1人分）

- 鶏ひき肉……50g
- 大根……2センチ（90g）
- **A** ┤ ・豆板醤……小さじ1/2
     ・味噌……小さじ1
- 卵……1個
- 熱湯……140cc

味変え

オイスターソースとごま油を加えてコク旨スープにしても。

作り方

1 大根は1センチ角のスティック状に切る。
2 耐熱コンテナに、**1**と鶏ひき肉、**A**を入れ、軽く混ぜて蓋をのせる。別の耐熱マグカップに水大さじ1を入れ、卵を割り入れる。黄身を串でつついて穴をあけ、2つ一緒にレンジで3分加熱し、コンテナはよく混ぜる。
3 スープジャーに**2**を入れ、熱湯を注ぐ。

ペンネが入ってボリュームもたっぷり

白菜とベーコンのクリームスープ

材料替え
白菜をキャベツやかぶに
替えても。

材料 （1人分）

- 白菜……1枚
- ベーコン……2枚（40g）
- **A** 塩……小さじ1/3
  - 胡椒……少々
  - 醤油……小さじ1
- ペンネ……20g
- かつおぶし……1/2袋
- ブラックペパー……少々
- 熱湯……150cc
- クリームチーズ（個包装のもの）……1個

作り方

1 白菜とベーコンは1センチに切る。
2 耐熱コンテナに1と**A**を入れ、軽くからめて、蓋をのせ、レンジで1分半加熱。
3 スープジャーに2とペンネ、かつおぶしを入れ、熱湯を注ぎブラックペパーをふる。食べるときにクリームチーズを中に入れて混ぜて食べる。

サワー＆スパイシーな大人の味

なすとひき肉のエスニックスープ

材料替え
なすを大根に替えても。また、万能ねぎやパクチーをトッピングしても。

材料 （1人分）

- なす……小1本（70g）
- 豚ひき肉……50g
- **A** 鶏ガラスープの素……小さじ1/2
  - 醤油、酢、レモン汁……各小さじ1
  - 塩、胡椒、一味唐辛子……各少々
- 乾燥カット春雨……12g
- 熱湯……150cc

作り方

1 なすは乱切りにする。
2 耐熱コンテナに、1と豚ひき肉、**A**を入れ、軽く混ぜて、蓋をのせ、レンジで2分半加熱。
3 スープジャーに2とカット春雨を入れ、熱湯を注ぐ。

電子レンジで困った！ こんな時どうする？ Q&A

Q レシピ通りやっても、まだ生っぽいのですが……。

A 大きく2つの理由が考えられます。

　ひとつはレンジの性能によるもの。本書のレシピは600Wのレンジを基準にしていますのでW数が違う時には、p.13を参考にして、加熱時間を増減してください。また、もうひとつの理由は、加熱する時の耐熱容器によるものです。本書のレシピはプラスチックの耐熱コンテナを基準に加熱時間を計算しています。加熱時間は、容器も含めた総重量によるので、ガラスや陶器などの重い耐熱容器を使用している場合は、加熱時間が長くなります。

　上記の2点に注意してもまだうまくいかない場合は、個々のレンジの特質や、食材の水分量などによるものと思います。20秒ずつ加熱時間を増やしたり、減らしたりして、ご自宅の電子レンジにピッタリ合った加熱時間を探ってみてください。

Q 加熱した後、レンジ内がベチョベチョになります。

A はい、それで大丈夫です。

　パスタなどは加熱時間が10分前後と長く、また水分も多いので、レンジの庫内に水蒸気がこもって驚く方がいらっしゃいますが、それで大丈夫です。余裕があれば、直後に庫内を台拭きなどでさっとぬぐっておくといいと思います。

Q 食材がちょっとだけ残るのも嫌なので、レシピより分量が多くなるけど、入れてしまっていいですか？

A 調味料と加熱時間を少し増やせば大丈夫。

　レンジの加熱時間は重量によって決まるので、あまり大量に投入すると加熱時間がかなり違ってきます。が、少しであれば、調味料を少しだけ増やし、加熱時間を基準の時間より増やしてみて。

Q 加熱ムラができてしまいます。

A 途中で一回取り出して、混ぜてください。

　なるべく、コンテナの中の食材を偏りがないように平らに置いてみてください。それでも駄目な場合は、レンジの性能によるものだと考えられます。加熱時間のちょうど半分あたりで、いったんコンテナを取り出して、全体を混ぜて、再び残り時間、加熱するようにしてください。

Q パスタがうまく茹でられません。

A 調味液に浸けたまま置いてないですか？

　パスタがうまく茹でられない理由は大きく2つ考えられます。ひとつは、パスタ全体が調味液にちゃんと浸かってないこと。ボウルなど底面が湾曲している耐熱容器だと、パスタの一部が調味液からはみ出してしまうことがあるので、なるべく底面が平らなものを使うといいと思います。また、パスタは、調味液に浸したまましばらく置いておくと、加熱していなくても水分を吸収して柔らかくなっていきます。それを、レシピ通りの加熱時間で加熱すると、柔らかくなりすぎたり、逆に水分がなくなって麺が固まってしまう場合もあります。

　ですから、パスタを入れたらなるべく早く、レンジに入れることを心がけてください。もし、しばらく置いてしまったら、吸ってしまった分の水分を増やし、少し加熱時間をへらすといいと思います。

Q 味が薄いような気がするのですが。

A 加熱後ちゃんと混ぜてください。

　味は加熱後、冷める時に、食材に染みていきます。だから、加熱後すぐにコンテナ内をちゃんと混ぜて、調味液をしっかりとからめ、そのまま粗熱を取ってください。加熱直後は少しシャバシャバだった調味液も粘度がでて、食材にからんできます。粗熱が取れてから、弁当箱に入れてください。

加熱後、すぐに蓋をあけて、よく混ぜる。このひと手間でレンチン調理は格段においしくなる！

Q スパゲティをペンネに替えてもできますか?

A ペンネの場合は少し量を減らしても。

　　レシピでは、スパゲティは100gにしていますが、ペンネは60gにしています。ペンネのほうが噛みごたえがあり満足感があるので、少なめにしているのです。ですので、スパゲティ100gのレシピをペンネ100gに替えると、多すぎる可能性はありますが、そのあたりはお好みで。

　　加熱時間は、そのパスタの本来の茹で時間＋2分で構いませんが、スパゲティよりもペンネのほうが一般的には元々の茹で時間が長いので、加熱時間が長くなると思います。そのため、スパゲティを同量のペンネに替える場合は、水分量を少し増やしておいたほうがいいでしょう(スパゲティ100gをペンネ60gに替える場合はレシピ通りやっていただくので構いません。ペンネ100gに替える場合は、水分量を増やしてください)。

Q 育ちざかりのため、お弁当の量を増やしたいのですが。

A 炭水化物増量で!

　　もちろん、おかずを増やしてもいいのですが、一番簡単なのは、炭水化物を増量することです。弁当箱を一回り大きいものにして、ごはんの量を増やし、その上にどんぶり弁やのっけ弁の具をのせましょう。具の量はそのままで構いませんが、ごはんの中に、かつおぶしや海苔をしいて、ミルフィーユ状にしておくと、食べ飽きません。

　　また、スープ弁は、お湯を注ぐ時に、春雨、早茹でマカロニ、押し麦などを一緒に入れるとお腹にたまるスープになります。入れる量は、10gぐらいを目安にしてください。その場合は、塩、胡椒も少し多めに入れて味を濃いめにしてください。なお、あまり入れすぎると、水分を吸って、スープ弁じゃなくなってしまうので、注意して。

ごはんをミルフィーユ状にすると食べ飽き　　スープ弁は春雨、押し麦、マカロニで増量。
ない。

Index

卵・乳製品・大豆・豆製品

乾物・漬物

[著者]

井上かなえ

料理ブロガー。料理家。兵庫県在住。2005年にスタートした3人の子どもたちのリアルな日常
と日々のごはんを綴ったブログ「母ちゃんちの晩御飯とどたばた日記」はライブドアブログで
2018年に殿堂入りし、レジェンドブログに。

累計48万部のベストセラーとなった「てんきち母ちゃんちの毎日ごはん」シリーズ(宝島社)や、
累計15万部の「てんきち母ちゃんの朝10分、あるものだけでほめられ弁当」シリーズ(文藝春
秋)など著書多数。東京、神戸での料理教室開催、雑誌、TV、食品メーカーのレシピ考案な
どでも活躍中。

「母ちゃんちの晩御飯とどたばた日記」http://inoue-kanae.blog.jp

てんきち母ちゃんの
らくべん！
──レンチンだけ、あるものだけ、実働3分！

2020年2月5日　第1刷発行
2020年2月21日　第2刷発行

著　者──井上かなえ
発行所──ダイヤモンド社
　　　　　〒150-8409　東京都渋谷区神宮前6-12-17
　　　　　http://www.diamond.co.jp/
　　　　　電話／03・5778・7227(編集)　03・5778・7240(販売)

ブックデザイン──岡睦(mocha design)
DTP　　　　──エヴリ・シンク
撮影────難波雄史
撮影協力──UTUWA
校正────シーモア、NA Lab.
製作進行──ダイヤモンド・グラフィック社
印刷────勇進印刷
製本────ブックアート
編集担当──井上敬子